# 本当は大切だけど、誰も教えてくれない
# 授業力向上42のこと

大前 暁政



明治図書

# はじめに

ある学校で、公開研究会が行われました。指導案は、「新しい時代に必要」と言われた授業方法で作成されました。いわゆる「流行」を取り入れた授業でした。

公開授業ということもあり、念入りに準備が行われました。校内で何時間も指導案を検討し、案を練りに練って臨んだのです。

ところが、授業はまったくうまくいかず、子どもの資質・能力は伸びませんでした。

授業後の検討会で授業者は言いました。

「指導案は悪くない。子どもができなかっただけだ」

「将来、子どもが伸びる布石になった」

「期待していた資質・能力は伸びなかったけど、他の資質・能力は伸びた」

つまり、言い訳に終始したのです。授業や指導案を否定してしまうと、流行に乗って取り組んでいる学校ぐるみの授業がすべて否定されるからです。

このような反省の仕方では、子どもにとって価値ある授業は実現できません。

また何より、教師の授業力が向上しません。

十分な準備をしても、授業がうまくいかないことはあります。

そんなとき、授業者は自分の授業こそ反省すべきです。

失敗と向き合うのはだれしも嫌なものです。しかし、失敗を分析すれば、多くの学びを得ることができます。**子どもの事実から学ぶことで、よい授業とは何かが見えてきます。そして、それが授業力向上につながる**のです。

本書は、この点を踏まえ、各項目の冒頭で授業の失敗例を示しました。続いて、失敗の分析を行っていく中で授業力向上の方途を示しています。

本書には様々な人物が登場します。私の経験が主ですが、他の人物も登場します。失敗例が多いこともあり、事例をぼかすため、三人称の人物を登場させてエピソードを紹介し、「学び続ける」教師像の一端を示しました。

日々の授業をどう反省し、どう学べばよいのか。本書で示した「学び続ける」姿勢を身につけることで、授業力向上が実現していくはずです。

※本書で示した研究成果の一部は、JSPS 科研費 JP 20K03261の助成を受けたものです。

2024年1月

大前暁政

# もくじ
Contents

## 第3章 本当は大切だけど、誰も教えてくれない［授業デザインの方法］7のこと

## 第4章 本当は大切だけど、誰も教えてくれない［授業づくりの順序］7のこと



## 第5章 本当は大切だけど、誰も教えてくれない［集団づくりと授業づくりの関係］4のこと

# 第6章

# 本当は大切だけど、誰も教えてくれない [授業力向上の手立て]6のこと

第1章

本当は大切だけど、
誰も教えてくれない

# [授業の目的と方法]6のこと

# 1

# 授業の目的が定まらなければ、授業の方法は決まらない

**いつも同じ授業方法で教えていると…**

若いＪ先生は、「授業とは、教師が初学者に知識をわかりやすく伝達するもの」という授業観をもっていました。ある意味、伝統的な授業観をもっていたのです。

そのため、できるだけわかりやすく知識を教えようと、授業のプレゼンテーションに力を入れていました。

例えば、動画や写真、発問や指示などが入ったコンテンツをつくり、ＩＣＴを使って全員に説明するのです。

他にも、子どもの思考を促す発問を取り入れたり、子どもの考えを話し合わせる指示を入れたりと、リズム・テンポよく授業が進むよう工夫していました。

このように、Ｊ先生は一斉指導を基本として授業を進めていたのです。

若いながらも、知識をわかりやすく伝え、理解させる点において、Ｊ先生の授業はとて

も上手なものになっていました。

子どもたちも、「J先生の授業はわかりやすい」と口々に言いました。

ただ、J先生には気になることがありました。

それは、**授業で育成すべき資質・能力は、「知識」以外にも多岐にわたって存在している**ことです。

知識以外にも、「技能」があります。他にも、「思考力、判断力、表現力等」「学びに向かう力、人間性」もあります。

さらに、「協働する力」「メタ認知の力」「探究の力」「コラボレーションの力」「問題解決の力」などがあります。

J先生は、知識の理解に関しては、授業方法に精通しました。

しかし、他の資質・能力を育てる際にも、プレゼン重視の一斉指導でよいのか迷っていたのでした。

そして、育成しようとする資質・能力が異なれば、それに適した授業方法もまた異なることに気がついてきたのです。

## ≫ 授業の目的によって、扱うべき学習内容と望ましい学習方法は変わる

授業には、まず「目的（ゴール）」があります。

授業の目的とは、「子どもの資質・能力を伸ばすこと」です。

そして、授業には「学習内容」と「学習方法」があります。

**授業の目的（伸ばしたい資質・能力）によって、扱うべき学習内容と、望ましい学習方法は変わります**。

このことをまずは教師が理解し、意識できていないといけません。

そこで、授業方法の改善について、学習内容**（何を学ばせるのか）**と、学習方法**（どうやって学ばせるのか）**の2軸から考えてみましょう。

まず、「何を学ばせるのか」です。

例えば、社会科の歴史で「武士の世の中」だとします。

鎌倉幕府、執権政治、南北朝時代、室町幕府、応仁の乱、戦国時代などを学びます。

この中でも、学ばせたい内容は様々です。

例えば、「政治の仕組み」なのか、あるいは、「民衆の生活の様子」なのか、それとも、「ご恩と奉公の関係」「世界と日本との関係」「社会構造の変化」なのか。それぞれ内容は異なります。

このように、「何を学ばせるのか」を、教師は考えなくてはなりません。


続いて、「どうやって学ばせるか」を考えます。

単に歴史の出来事や用語の理解を目的とするのか、それとも「歴史には社会構造が大きく変化する転換点があることとの俯瞰的な理解」を目的とするかでは、「何を学ばせるのか」も「どうやって学ばせるのか」も変わってきます。

俯瞰的な理解までさせたいのであれば、例えば「承久の乱」を重点的に扱い、「どういったインパクトを与える出来事だったのか」に気づかせる学習方法を検討します。

この場合、単に出来事をなぞって教えるだけでは不十分です。

例えば、「東国の武士が望んだ世の中、朝廷が望んだ世の中に関して、各立場で調べさせ、話し合わせる」といった「何を学ばせるのか」「どうやって学ばせるのか」が思いつきます。

また、単元の最後に、「人々はどのような国の仕組みを模索してきたのか」「この時代、どのような国の仕組みをつくったらよかったのか」といった、歴史を俯瞰で考える問いを与え、子ども同士で討論をさせてもよいでしょう。

もし、「自力で問題解決する力の育成」も目的に入るなら、自力解決できそうな課題を設定させ、解決を任せていく学習方法が思いつきます。

「協働的に解決する力の育成」が目的なら、発展的な課題を与え、4人程度のチームで解決させる学習方法が思いつきます。

このように、授業の目的が決まっているからこそ、扱うべき学習内容と望ましい学習方法も決まるというわけです。

逆に言うと、**授業の目的が決まっていないのに、扱うべき学習内容も、望ましい学習方法も見えてはきません**。

このように考えると、冒頭の事例の授業改善の方向性が見えてきます。

事例のように、授業の目的（育成すべき資質・能力）を度外視して、「いつも一斉指導」「いつも知識伝達型の授業」を行っているのは不自然です。**授業の目的に応じて、一斉指導の場面もあれば、個別にテーマを決めて探究を行わせる場面もあり、さらには協働的に解決させる場面もある、といった授業の姿が自然**なのです。

このように順序立てて説明すると当たり前のことのようですが、授業の目的があってこそ、扱うべき学習内容や望ましい学習方法が決まるということは、意外なほど見落とされがちです。

まずは、育成したい様々な資質・能力を見極め、様々な授業方法を取り入れていくべきなのです。

## 2

# 状況の分析があって、はじめて効果的な授業方法が見えてくる

### いつでも「子どもに任せる」授業方法でよいのか

若いU先生は、生活科が始まったころの研修会で次のように助言されました。

「子どもに体験・活動させて、教師は見守ることが大切です」

大学教員や教育委員会関係者、文部科学省関係者が、口をそろえてそう言いました。

研修会後には「体験・活動ばかりでよいのか」「理科や社会科で扱われるような知識・技能を教えなくてよいのか」といった質問が相次ぎました。

でも、「とにかく体験・活動重視で、子どもに任せたらよい」という回答でした。

今では、体験・活動ばかりでは不十分で、教えないことはよくないとされていますが、このような授業方法の推奨は他にもありました。

総合的な学習の時間が導入されたころも、様々な研修会で同様の説明があったのです。

「子どもが問題を発見し、解決していくので、子どもに活動を任せることが大切だ」など

と言われました。

有名小学校で行われた大規模研究会で、「総合的な学習の時間に、外でずっとサッカーをしていたい」という意見を多くの子が主張したことがありました。授業者は、「サッカーは体育の時間にしよう」と繰り返し説得したのですが、子どもたちは「自分でやりたいことを決められるのだから、サッカーがいい」と譲りません。授業後の検討会で、講師として呼ばれた大学教員は、「子どもがサッカーをしたいと言っているのだから、ずっとサッカーをやっても問題ない」と言ったのです。U先生は首を傾げました。

これも今では、学習指導要領の例示（国際理解、情報、環境、福祉・健康、町づくり、伝統文化、地域経済、防災、キャリア、ものづくり、生命など）から、極端に逸脱することはよくないとされています。また、探究を子どもに丸投げすると、子どもが混乱したまま、学びが浅いまま学習が終わることがわかってきています。よくわからないテーマで、何十時間も子どもに探究を任せても、教育効果は乏しいことがわかってきたからです。

U先生は**「学習指導要領には目標と内容は示されているものの、どういう授業方法（教え方）が望ましいかは示されていない。なのに、授業方法を推奨されるのは違うのではないか」**と、研修会ではいつも違和感を覚えていました。

## 〻 万能な授業方法はない

授業方法がよかったかどうかは、授業の目的（ゴール）が達成できたかどうかで決まります。つまり、ねらっていた資質・能力を育成できたら、よい授業方法だと言えるのです。

ここで押さえておきたいのは、**授業方法自体に良し悪しがあるわけではない**という点です。授業方法は、目的を達成するための手段に過ぎないからです。手段は様々あってよいのです。つまり、ベストの手段が最初から決まっているわけではないのです。

授業（子どもからみれば学習）をする前に、まず目的を考えます。目的が決まることで、手段も決まります。つまり、授業方法は後から、決まるのです。

例えば、算数で考えてみます。計算問題を正確に解ける「技能」を育てたいとします。それならば、「教師主導で教える」という手段が、効果的・効率的です。

しかし、既習の知識を活用できる思考力や問題解決の力を養うのが目的ならどうでしょうか。それならば、「発展課題を与え、自力解決を促す」方が、効果的・効率的です。

もしも、協働する力や姿勢を育成するなら、「1人では解決できない難問を与え、4人程度のチームで協働的に解決させる」方が、効果的・効率的です。

授業の目的次第で、望ましい授業方法は大きく変わるのです。


ここで注目してほしいのは、**「どういう状況でこの授業方法が効果を発揮するのか」という条件**です。

例えば、一斉授業で効果を発揮するのか、それとも個別学習の際に効果を発揮するのか、「学習形態」について考えておかなくてはなりません。

また、知識の習得場面で効果を発揮するのか、それとも探究の場面で効果を発揮するのか、「学習場面」も考えなくてはなりません。

どの授業方法も万能ではありません。**状況によって効果は違ってくる**のです。

例えば、習得に効果を発揮する授業方法があったとして、それを、知識の活用場面や、子どもが探究する場面で適用しても、効果を発揮しないかもしれないのです。

だからこそ、教師は様々な授業方法を手段として知っておき、それを臨機応変に、状況に応じて使い分けていかないといけないのです。

# 3 対話的な学びのデザインは、4視点で考える

## 討論が成立しないのはなぜか

教師になったばかりのU先生は、授業がうまく進められないことを悩んでいました。

そこで、ベテラン教師に、授業の改善方法を尋ねることがありました。

1人だけでなく、何人ものベテラン教師に、授業のコツを尋ねて回りました。ベテラン教員はどの人も、丁寧に、優しく、教えてくれました。

U先生の授業力が未熟だったこともあり、どのベテラン教師も、具体的な授業方法を中心に教えてくれました。それも、単純化して、大切なポイントに絞って教えてくれたのです。

「発問は、意見が分かれる問いを考えたらよい」

「授業展開は、討論になるよう導けばよい」

このように、具体的な授業方法を単純化して教えてくれるのです。

しかし、**目的と方法をセットで教わることは、ほとんどありませんでした。**また、いつ、どのような状況でその授業方法を使えばよいかなど、難易度の高いことも教わりません。U先生の授業が未熟なため、難しい話は避け、単純化して教えてくれたのです。

藁にもすがる思いのU先生は、ベテラン教師に言われるがまま、教えられた授業方法を取り入れてみました。

例えば、理科実験前の予想場面で、「討論を取り入れよう」とU先生は考えました。

ところが、U先生の予想に反し、討論になりませんでした。子どもの中に、意見を交流できるだけの情報が蓄積されていなかったからです。パラパラと数人が予想や仮説を発表して終わりました。U先生は子どもたちが発表してくれないと嘆くことになりました。

しかし、もちろん子どもが悪いわけではありません。予想の場面での討論は、避けるべきだったのです。自然に触れる体験や実験・観察の時間を十分に確保した後で、結論を出すときに討論を取り入れるべきでした。これなら情報が蓄積されていますから、根拠をもって堂々と意見を発表でき、反論もできたことでしょう。

数年経ち、U先生は「この授業方法は、何を目的として、どういう状況で使用すべきなのか」と悩むようになりました。

## 》誤った場面、方法での対話は学びを棄損する

例えば、「これからの時代は対話的な授業が大切だ」という主張があるとします。このとき、「子ども同士の対話の場面を用意しなさい」と手段、つまり授業方法だけ教えられることがあります。

そして、若い教師は「対話の場面をとにかく入れよう」と思うわけです。ところが、先の例のように、対話の必要ない場面や対話させても、考えが深まらない場面があります。

**対話の場面を取り入れること自体が目的化し、「どういう目的で、どういう状況で取り入れたらいいのか」を考えないことがよく起きる**のです。これでは本末転倒です。

理科では、**観察や実験をすればわかることは、長時間の対話は必要ありません**。例えば、「アゲハチョウは卵を何個産むか」「チョウの雄雌の見分け方は」といった問いは、話し合う必要性は低いのです。調べたらわかることだからです。

また、はじめて学習する内容の予想場面でも、長時間の対話は必要ありません。なぜなら、**はじめて学習する内容では、根拠となる知識や経験が少ないため、結果の予想におい**

**て討論まで発展しない**からです。まして、AかBかのディベートは適しません。簡単に対話する場面があったとしても、討論までは必要ないのです。簡単に結果を予想させるにとどめ、むしろ、実験や観察、調べ学習に時間を確保すべきです。

しかし、例えば「今後のエネルギーは何に依存すべきか」というテーマに対して、調べ学習や実験を行ったうえで話し合わせるのであれば、討論まで発展しますし、討論の効果も発揮します。このテーマに関しては、唯一解があるわけではありません。また、調べ学習や実験によって、情報の蓄積もされています。情報があり、しかも、結論が人によって異なるテーマでは、考えが広がったり深まったりする効果を発揮するのです。つまり、**多面的に考える力や批判的に考える力が養われる**のです。

このように、対話という授業方法1つとっても、「どんな目的で取り入れるのか」、「どういう状況で取り入れるのか」などを考えないといけません。このような、「授業方法をいつ、なぜ、どのように使えばよいのか」は、**「定石」**や**「指導方略」**と呼ばれます。

具体的には次のようなことをあらかじめ考えておきたいのです。

**1　どんな資質・能力を育成するか**
**2　対話形式は何か（ペア、班、全体なのか、ディベート、討論、ブレストなのか）**
**3　対話のテーマは何にするか**
**4　どういう状況で対話を取り入れるか**

対話的な授業が大切だからといって、こういった指導方略を検討せず、とりあえず対話をさせても、何らかの学びになることはありません。

理科の予想場面なら、討論によって予想をわざわざ消去するのはむしろ損失です。様々な予想を発想させた方が発想の力がつきますし、妥当な予想・仮説を選択する力もつきます。また、予想・仮説が複数あった方が、解決の見通しをもたせることもできます。

よって、「予想・仮説を発想させる力を養うために対話を取り入れる」という目的で、予想や仮説を多く出させるために、ブレインストーミングを使って対話させるという授業方法を取り入れるなら、意味があります。

さて、「対話の場面を用意する」という授業方法の、「対話」とはどういう意味でしょうか。対話には、学習者同士の対話だけでなく、「教師との対話」「自分自身との対話」「専門家との対話」なども含みます。**「じっと考えている状況」も、ある意味で自分と対話しているという対話の場面**です。学者の意見や、政府の見解などを紹介すると、子どもたちはそれらの意見と対話していることになります。

このように、授業方法自体に関して、詳しく理解することが大切になります。そうすることで、授業方法を、どういう状況で取り入れたらよいのかが見えてくるからです。

ここまでの話をまとめると、まず教師が授業の目的（ゴール）を定めることから始めます。「この場面では主体性を高め、この場面では思考力を高めよう」と、具体的なゴールを描きます。続いて、「ではそのゴールを達成するために、手段として授業方法をどう工夫しようか」と考えます。このように、目的と手段をセットで考えたいのです。

その際、「この状況に合った授業方法は何だろうか?」と、状況に合った授業方法を考えます。このときこそ、授業方法の使い方を詳しく知っておくことが役立つのです。

様々な授業方法を知ることは大切です。多くの授業方法を知るほど、目的に合わせて最適なものを選択できるからです。重要なことは、授業方法を知る際、「どういう目的で、どういう状況で使用できるのか」といった詳細まで理解することなのです。

# 4 授業方法改善のポイントは、デメリットへの注視

**その授業方法は、目の前の子どもたちの実態に合っているのか**

「このような授業方法がよい」と、若いT先生は様々な人からすすめられることがありました。学校にはベテラン教師が多く、書籍や実践をすすめられる機会が多々あったのです。それらは、主に「○○教育法」とか、「○○指導法」といった名称で呼ばれる、授業方法の「型」でした。

時には、学習方法をすすめられることもありました。「○○学習法」「○○型学習」などの名称で呼ばれるものです。これも同様に、１つの授業方法の「型」でした。子ども側から見ると学習方法ですが、教師側から見れば授業方法だからです。

学校内外で行われる研修会でも、教育委員会の指導主事や校長、文部科学省の関係者などから、「これからの時代、こういう授業方法が大切だ」と授業方法を推奨されることがありました。例えば、「子ども主体の学習が大切なので、指導ではなく支援を重視し、子

どもに問題解決を任せる授業を行うべきだ」といった主張を聞かされるのです。

また、T先生の学校では、特定の授業方法を全員一律で行うことがありました。例えば、「算数は問題解決学習で行うことが決まっている」と、授業方法を指定されるのです。

T先生は若いながらも、授業方法の固定化に疑問をもっていました。授業方法（指導法・教え方）は教師が創意工夫すべきもので、1つの方法に固執しなくてよいと考えていたのです。肝心なのは「資質・能力の育成」であって、手段である「授業方法」は、教師が主体性をもって選択したり、工夫・改善したりすればよいと思っていました。

T先生は、授業方法は自由でよいと思いつつも、すすめられた授業方法は試しに行うようにしていました。工夫・改善するにしても、試さないと効果がわからないからです。

しかし、どう考えても、担任している子どもの実態に合っていない方法もありました。例えば、「反転学習」が流行したころ、様々な人からすすめられたので、試しにやってみたのです。ところが、うまくいきませんでした。環境的に家庭学習ができない、宿題を行う習慣がない、基礎・基本が不十分で予習ができない、習い事が多く予習の時間を確保できない…など、様々な障壁があったからです。T先生は、**授業方法のメリットだけ見て、デメリットを無視するのは危険**だと感じるようになりました。

## 授業方法には、ベターしかあり得ない

授業方法（子どもから見ると学習方法）には様々なものがあります。

冒頭の例のように、子どもの実態によっては、導入が難しいものもあります。

授業方法は、授業を担当する教師が、自らの主体性で考えなくてはなりません。

なぜなら、望ましい授業方法は、授業の目的だけでなく、「状況」によっても変わるからです。

「状況」とは、例えば、**学習内容の性質や、子どもの実態**です。

学習内容の性質で言えば、自力解決を任せられる内容もありますし、協働で解決させた方がよい内容もあります。教師主導で習得させた方がよい内容もあれば、学習した知識・技能の活用を促すため、子どもの支援に徹した方がよい内容もあります。

また、子どもの実態によっても、適した授業方法は変わります。

冒頭の例のように、基礎・基本が身についておらず、学習習慣も身についていない実態があれば、反転学習のような授業（学習）方法の導入は困難です。

T先生が気づいたように、**どんな授業方法（学習方法）にも、長所があれば短所もあります**。だからこそ、状況に応じて臨機応変に授業方法を変える必要があるのです。

例えば、事例に出てきた反転学習で考えてみます。仮に、既習の知識・技能が身についており、学習習慣も定着した子どもたちを担任したとします。しかも、優れた教え方の授業動画を準備できたとします。

この場合は、ある程度はスムーズに反転学習を取り入れることができるはずです。

ただし、「ある程度は」と言ったのには理由があります。**メリットだけに注目するのではなく、発生しそうなデメリットにも注目すべき**です。

「授業動画を家で見てきなさい」と指示し、全員が動画を見てきたとします。どんなに優れた教え方の動画であっても、動画を見るだけですから、子どもたちは表面的な理解でとどまっていることがよくあります。また、理解度や理解できた内容が異なるかもしれません。なぜなら、子どもによって理解の仕方や、知識・体験の蓄積量が異なるからです。

そこで、予習後の授業で、「どこがわからなかったのか」「本当にわかっているのか」を確認する必要があります。場合によっては子ども同士の教え合いをさせることもありますし、教師主導で教える場合もあります。理解が深いなら、発展問題を解決させる場合もあるでしょう。このように、子どもの実態が反転学習に適していると仮定した理想状態ですら、教師が臨機応変に対応しなくてはならず、フォローすべきことは多く発生するのです。つまり、授業方法は万能ではないわけです。

もし理想状態でないなら、様々なデメリットの発生を考えなくてはなりません。

反転学習のメリットとしては、予習ができているため、高度な学習を進められる点にあります。しかし、理想状態でないなら、予習をしてきていない子、してきたけど理解できなかった子もいるので、子ども間の理解度の差が広がるというデメリットが生じます。

**メリットだけを見て、デメリットには目をつぶるのは危険**です。学校現場にいる教師ほど、デメリットはよく見えています。現場を見ない学者などの部外者には、盲点となって見えません。だから研修会などで何らかの授業方法を紹介される際、デメリットまで紹介されることは稀なのです。現場を知らないから、理想論だけに終始するわけです。

もちろん、先人が開発した授業方法には優れたものが数多くあります。しかし、それは万能ではありません。**ある資質・能力を養う際、ある状況では、ベターな授業方法というだけ**なのです。

教師は、まず「どういった資質・能力を養おうとしているのか」という授業の目的（ゴール）を意識する必要があります。そして、どういう状況で、どんな授業方法が有効かを考える必要があるのです。基礎・基本が身についていない子に予習動画を見せても、「わからなかった」で終わります。これでは、理解ができないばかりか、意欲まで下がります。つまり、学級の実態によっては弊害の方が大きくなるのです。

このような子どもの事実を無視し、だれかが推奨しているからという理由で、特定の授業方法ばかり採用するのは、本末転倒です。

私の尊敬する年配の理科教師は、様々な授業方法を開発してきました。その授業方法は様々な人に追試され、成果が出たと、喜びの感想が届いていました。私はその理科教師がさぞかし自分の授業方法を万能だと思っているだろうと、外から見て思っていました。

ところが、その教師は言ったのです。「自分の授業方法にはよいところもあるが、弱点もある。弱点は3つほどある。だからこの弱点を補う新しい授業方法ができたらいいと思っている」と。自身の開発した授業方法に短所があることを本人が力説したのです。これには驚きました。「ある一定の条件下では、ある資質・能力を育てるときに、ベターであるだけ」という自覚が本人にあったのです。

# 5

# 教師主導 or 子ども主体を抜け出すカギは、「動的平衡」

## 繰り返される二元論

　A先生が教員になったころ、子ども中心の授業が大切だとされていました。教師はできるだけ教えず、支援に徹し、子どもの活動を増やす授業方法でした。「もはや教師が教える時代は終わった」「教え方の上手な教師は必要ない」「これからは子どもが学ぶ時代であり、教師の役割は支援と見守りだ」などと繰り返し言われました。

　その主張は、前時代の反省から来ていました。

　前時代は、教科書も分厚く、教える内容が多かったので、教師は「しっかりと教える」授業方法に力点を置いていたのです。その結果、「教師主導の授業が多い」「一斉授業が多い」「教師が教え過ぎており、子どもの学ぶ機会を奪っている」といった反省がありました。こうして、「教師が教えるのではなく、これからは子どもが学ぶ時代だ」というスローガンのもと、支援や見守りに徹する授業方法が推奨されたのです。

　さて、Ａ先生が教員になって数年経つと、今度は反対の主張が主流になってきました。教師が支援や見守りに徹するのはよくないと、教育委員会や文部科学省関係者、管理職が研修会で主張するようになったのです。教える内容を減らし、子どもの活動量を増やした結果、基礎・基本となる学力すら定着していないと声高に主張されるようになりました。授業方法は１８０度転換し、教師主導で教える授業方法が推奨されるようになったのです。

　このころから、教える内容や授業時数は増加しました。Ａ先生は、前とは正反対の授業方法が推進されているのに戸惑いつつも、新しい時代になったのだから、新しい授業方法が採用されたのだろうと考えることにしました。

　ところが、さらに数年経ち、また反対の授業方法が主張されるようになりました。教師主導で教え過ぎだという批判が出され、教師はできるだけ教えず、支援や見守りに徹し、子どもの活動を増やす方がよいと言われるようになったのです。再び、「教師が教えるのではなく、これからは子どもが学ぶ時代だ」というスローガンのもと、教師は支援や見守りに徹するようになりました。

　ここに至りＡ先生は、**授業方法の偏り自体がおかしい**と感じるようになりました。

## ≫ 動きながら平衡を保つ

「白黒思考」といって、AのやりかたかBのやり方か、どちらかしかないと考えてしまう思考形態があります。本当はCのやり方も、その他のやり方もあるのですが、両極端しか考えないのです。「誤った二分法」「極端な二元論」などとも呼ばれます。

残念ながら、学制以来150年間で、極端な二元論による教育論議が繰り返されてきました。例えば、「児童中心主義か、教師主導の教授主義か」「学習か教授か」「経験主義か系統主義か」「知識の個人による獲得（構成主義）か、知識の共同的な獲得（社会的構成主義）か」「集団学習（一斉授業）か、小集団学習・個別学習か」といった論議です。

ここには「どちらも両立できる」という考えは見られません。例えば、「教師主導で教授しながら、子ども中心主義の教育が行える」とは考えないわけです。

しかし、私たち教師は次のように意識したいのです。

**「授業には様々な目的（ゴール）があり、その数だけ、様々な授業方法がある」**

例えば、こんな授業も可能です。1時間のうち、最初は一斉授業（集団学習）で全員に問題意識をもたせます。次に、個別学習で自分が調べたい問題や、解決できそうな方法を考えさせます。続いて、同じテーマや解決方法を選んだチームをつくり、小集団学習をさせます。最後に一斉授業で各チームの結論を共有します。1時間にいろいろな学習形態が入っています。このように、状況に応じて効果的な学習形態を選択すればよく、1つに絞る必要はないのです。

例えば、次のような意見があるとします。

「教師主導で教える授業よりも、教師が教えずに子ども主体で学ばせる方が大切だ」

しかしこれは、どちらが優れているとか、よいとかいう問題ではありません。なぜなら、「教える」という教育行為も、「教えない」という教育行為も、ともにゴールを達成するための手段でしかないからです。何らかのゴールに合致した手段を、状況に応じて採用していけばよいだけの話で、良いも悪いもないのです。

しかも、**「教師主導で教える授業」と、「子どもが学ぶ授業」は、反対の概念ではありません**。どちらも両立することだってあり得ます。教師がしっかり教えたから、子どもがしっかり学べたという場合もあるからです。

先にも述べたように、子ども一人ひとりにとって望ましい授業方法は変わります。学級集団の実態によっても、望ましい授業方法は変わります。

基礎・基本が身についてない子には、教師主導で教えた方がよいかもしれません。教師に依存する様子が見られる子なら、あえて「教えないで見守る」という手段を採用する方がよいかもしれません。学習面の自立ができている子なら、問題設定や解決方法を任せる場合もあります。学力差がある集団なら、ある程度の知識・技能を教師が教え、学力差をなくしてから、子ども主体の問題解決を任せる場合もあるでしょう。

このように、状況によって、効果的な授業方法は変わります。

だからこそ、通常、授業では、積極的に教えたり、見守ったり、支援したり、子どもの主体性が高まるまで待ったり、協働的に解決させたりと、様々な方法を取り入れているはずなのです。

**時には、子ども自身に「教師が教えた方がよいのか、自分で考えたいのか」を選択させてもよいでしょう。**「自分でやってみたい」「困ったときだけ助けてほしい」と思っている子もいれば、反対に「教師に手取り足取り教えてほしい」「教師に手本を見せてほしい」と思っている子もいます。

**実態によって効果的な学び方は異なるからこそ、最適な授業方法を採用すべき**です。

繰り返し述べてきたように、授業方法は目的ではなく手段です。目的は、何らかの資質・能力を育てることです。手段である授業方法は、目的である授業のゴールを達成する機能を果たしたかどうかで、良し悪しが判断されるべきものです。ゴールをより効果的に達成できたら、それはよい授業方法なのです。

ここで大切なのが、バランスです。様々なゴール（目的）を目指し、様々な授業方法（手段）を採用するというバランスです。これはいわば**「動的平衡」**という考え方です。

つまり、様々な資質・能力を育てるために、教える授業もする、教えない授業もする、子どもに任せる授業もする、そういった様々な授業方法を採用するのです。だからこそ、全体的にバランスが取れ、「中道」を歩めるというわけです。

**動きながら平衡を保つという状態は、人体や生命の働きと同じ**です。また環境を保つ仕組みと同じです。授業には様々なゴールがあり得ます。ゴールの数だけ、適した授業方法があります。様々なゴールを設定し、様々な授業方法を採用することで、偏りなく、まんべんなく資質・能力を育成できるというわけです。

# 6
# 教師が教える量の多少で授業の良し悪しは決まらない

## 教えることを躊躇する雰囲気

「教師が子どもに教えるのではなく、子どもに学ばせた方がよい」

T先生が教師になったころ、初任者研修でよく言われた言葉でした。「教師が教えてはいけない」「教師は子どもの学びを支援しなさい」と繰り返し教えられたのです。詰め込みがあまりよくないだろうことは、T先生も何となく思っていました。「詰め込む」という手段では、知識を定着させるという目的が達成できないからです。また、学習者が受身になる弊害もあると感じていました。

ただ、T先生には気になることがありました。それは、「教師が子どもに教えてはならない」とする風潮が強過ぎて、現場の同僚や同期の若い教員は、教えることを躊躇していたことです。特に若手教員の間では、「とにかく教えないようにしよう」「活動を中心にしよう」と声をかけ合っていました。先輩教師や管理職、研修講師から何度も「教えるな」

と指導されるので、「教えてはいけない」という認識や空気が生まれていたのです。

あるとき、T先生が公開授業を行うことになりました。管理職に指導案を提出したところ、真っ赤に修正されて返ってきました。**指導という言葉がすべて「支援」「見守る」「促す」などの表現に直され、「教える」行為のほとんどが削除されていた**のです。

そんなこともあり、授業は子どもの活動中心で進めていました。課題を提示し、自力解決を促したり、チームで解決を促したりします。教師は教えず支援に徹するのです。

活動が多いと、一見子どもが活発に学んでいるように見えます。ところが問題が生じました。教科書のごく基礎的な知識すら身についていない子が少なからずいたのです。

例えば、「ハサミの柄はプラスチックですが、中に鉄が入っています。ハサミの柄に磁石を近づけるとどうなりますか」という理科の問題で、「引きつけられない」と間違うのです。他にも「金属はすべて磁石につく」「金属の意味がわからない」と言う子もいます。

他の教科も同様でした。「わかったつもり」で終わっている子が30人中10人ほどいるのです。活動中心ですから、調べ学習や自力解決、話し合い、発表、レポート作成など十分に行っています。しかし、どうも表面的な浅い知識を子ども同士でシェアして終わっているようなのです。深い理解にまで到達している子はとても少ない状態でした。

## 状況によって教師の教える量は変化する

中央教育審議会初等中等教育分科会教育課程部会（２００７）の「教育課程部会におけるこれまでの審議のまとめ」には、課題として、以下のように書かれています。

「（前略）子どもの自主性を尊重する余り、教師が指導を躊躇する状況があったのではないかと指摘されていることである。第一とも関連するが、『自ら学び自ら考える力を育成する』という学校教育にとっての大きな理念は、日々の授業において、教師が子どもたちに教えることを抑制するよう求めるものではなく、教えて考えさせる指導を徹底し、基礎的・基本的な知識・技能の習得を図ることが重要なことは言うまでもない」（p.18）

「しっかりと教えるべきだ」「教えずに支援に徹するべきだ」という2つの主張を、「どちらかしか認めない」と二元論で考えると、無理が出てきます。

授業方法の良し悪しは、授業の目的（どんな資質・能力を育てたいか）によって変わります。

学習内容の性質によっても、授業方法の良し悪しは変わります。子どもの実態によっても変わります。時代によっても、学級集団の状態によっても変わります。

つまり、「絶対的によい」という授業方法があるわけではないのです。まして、「だれかが推奨しているから」という理由で良し悪しは決まりません。**目の前の子どもに育てたい資質・能力がまず決まり、状況に適した授業方法が後から決まる**のです。

日本の教師が、絶対に忘れてはいけない歴史があります。

それは、教育方法どころか、教育内容すら誤った時代があったことです。戦時中は、戦争推進の内容を教え、教育方法も根性論の体罰主義だったのです。それを、国全体でやっていたのです。

学校教育は、子ども本人のため、子ども本人も含めた社会全体の幸福のための教育であるべきです。それが、子どものためではなく、別の何か（例えば国の戦争の勝利）のために教育が施されていた時代があったのです。これを反省し、目の前の子どもの資質・能力を育成し、子どもの自立を促すような教育をすべきです。教師はそのことに自覚的でありたいのです。

さて、ここで**「教師の教える量」**に関して考えてみます。

例えば、小学2年の算数で、かけ算を教えるとします。まずは、かけ算ができるようにしないといけません。文章題でかけ算の意味を教え、計算方法を教えます。かけ算の仕組みも理解させます。知識・技能の**「習得」**が多く、教える量は多くなります。

続いて、知識・技能の**「活用」**に移ります。活用を促す場面では、子どもの活動の場面が増えます。例えば、「4×8＝32を使って問題をつくりなさい」といった課題を与えます。この場合、活動量が増えた分、教える量は減りました。

このように、状況によって教師の教える量は変化します。

単元によっては、最初から探究させる場合もあります。小学4年の理科の冬の生き物の観察なら、それまでに春、夏、秋と生き物を観察してきているので、基礎・基本となる知識は習得しています。よって、冬の生き物の観察は、チームを結成させ、子どもに解決を任せていくという**「探究」**から始まってもうまくいくのです。

探究の場合は、活動量が最大になり、教える量が最小になります。これは単に、この単元までに知識・技能をしっかりと教えていたからこそ、探究の場面では教師が教えなくても済んだのです。

このように、状況によって、子どもに適した「教える量」は変わります。**教える量の多少によって、授業の良し悪しが自動的に決まるわけではない**のです。

# 第2章

## 本当は大切だけど、<br>誰も教えてくれない

# [個別最適な学びと協働的な学び]6のこと

# 7 「個別最適な学び」のカギは、子どもの自己調整

## かかりきりの指導から見える問題

若いY先生は、学級の全員に基礎・基本となる知識・技能を習得させることを意識していました。

もちろん、思考力、判断力、表現力なども育てようとしていました。ただ、最低限、基礎・基本となる知識・技能は、確実に習得させたいと願っていたのです。

さて、学級には、学習の得意な子だけでなく、苦手な子もいました。特別支援を要する子もいました。そのため、1人残らず全員に習得させるとなると、学習の苦手な子や特別支援を要する子を中心とした指導になってしまうことがよくありました。

Y先生は、発達障害をもつ子を多く担任していたこともあり、特別支援教育の理論と方法を意識して教えるようにしていました。そして、発達障害をもつ子への支援を手厚くしていました。つまり、特別支援教育を充実させることで、「個別最適な学び」を実現しよ

うとしていたのです。

ところが、しばらくして一つの問題に気づくことになりました。それは、特別支援を必要としない子には、「個別最適な学び」をあまり考えていなかった点です。

しかも、**特別支援を要する子に手厚く指導するほど、その他大勢の子に対応する時間がなくなる**のです。Y先生は、ここにきて、「個別最適な学び」の環境は、どの子にも用意する必要があることに気づいたのでした。なぜなら、適した学び方は、発達障害の有無にかかわらず、子ども一人ひとり異なるからです。個性も違いますし、発達段階も異なります。また、知識・経験の量や、興味・関心も異なります。学習進度や学習到達度も異なります。理解の仕方や理解のスピードも異なります。このように、どんな学習環境が最適なのか、それは個人によって異なることがわかってきたのです。

つまり、「個別最適な学び」は、特別支援を要する子だけでなく、全員にとって必要だと気づいたのです。特別支援だけのニーズではない、その他のニーズに対応するための授業方法をも意識しなくてはならなかったのです。

特に、興味・関心に合わせた学習や、子どもに最適な学習環境をつくること、学び方をその子に合わせることなどを意識する必要があったのです。

## ≫ 全員が自分にとって最適な学習に調整できるように導く

「個別最適な学び」は、新しい概念ではありません。古くから「個に応じた指導」と呼ばれてきた概念です。教師視点から見ると「個に応じた指導」であり、学習者視点から見ると「個別最適な学び」と呼び方が変わるのです。

さて、個別最適な学びには2つの視点があります。**「指導の個別化」と「学習の個性化」**です。

「指導の個別化」は、支援の必要な子に重点的に指導を行うことや、個々の特性や学習進度、学習到達度などに応じて、柔軟な指導を行うことを意味します。

例えば、ハードル走で考えます。ハードル走のインターバルを1種類しか用意しないと、身長の高低によって差ができてしまいます。よって、インターバルは、6・5m、6m、5・5mなど様々なものを用意します。また、運動に苦手意識のある子には、柔らかいゴムや発泡スチロールのハードルを用意します。低いハードルも用意します。運動が得意な子には、普通の高さのハードルで練習するように言います。

冒頭の例では、「指導の個別化」はある程度意識できていたと言えます。「指導の個別化」には、支援の必要な子どもに重点的な指導を行うことも含まれるからです。

ここでもう1つ意識したい視点が「学習の個性化」です。「学習の個性化」とは、子ども一人ひとりに応じた学習活動や学習課題に取り組む機会を用意することを意味します。そして、**子ども自身が、自分の学習が最適となるよう調整できるようにすること**を意味するのです。事例では、この意識が足りていませんでした。

ハードル走は、50m走のタイムによって、目標タイムが導けます。つまり、個別の目標設定が可能です。またハードル走には、「リズムよく越える」「抜き足のフォーム」「足の着地を適切な位置に行う」といった走り方のコツがあります。このコツを、評価規準として子どもに示します。そして、走り方を映像に記録し、毎回のタイムとともに蓄積していきます。評価規準に加え、タイム、映像といったデータがあるので、自分の成長を振り返らせることができます。**学習がうまくいっているかを本人がメタ認知できる**のです。しかも、子ども同士の教え合いも可能になります。そして自分の苦手をなくしたり、得意な部分をもっと伸ばしたりと、学び方をより適切なものに調整できるというわけです。

つまり、子ども自身が「何を重点的に学びたいか」「どういった練習をしようか」と、学習活動や学習課題を選択できるようにするのです。具体的には、**学習の目標、内容、方法、ペースを自分で調整させる**のです。一人ひとりの活動や課題はバラバラになるのが普通です。単元の最後には、自分の学習を最適化できたか振り返らせます。

このように、一人ひとりが自分の学習活動や学習課題を選択できるようにします。そうすることで、**子ども自身が「自分の特徴って何だろう」「何を、どう学習するとよいだろう」と振り返りながら、自分の学習を最適に調整できるようにしたい**のです。

他の教科でも「学習の個性化」の例をあげます。理科では、1つの問題を全員で考える単線型の学習だけでなく、様々な問題を各自で調べる複線型の学習を行うことがあります。複線型の学習では、子どもの問題意識や興味・関心によって、バラバラの問題設定がなされます。そして、個人やチームでの探究を促していきます。

例えば、小学校3年でチョウや昆虫を育てます。昆虫の育ち方や体のつくり、環境との関わりなどを学習した後で尋ねます。「さらに調べたいことや疑問はありませんか？」

ひと通り学習した後なので、子どもから調べたいことや疑問が出されます。「別のチョウや蛾を調べたい」「チョウの種類による卵の形や食べ物、成長の違いを調べたい」「敵から身を守る工夫を調べたい」「蛹から成虫までの変化を調べたい」などです。そして、問題ごとに個別やチームで解決させます。このような、**一人ひとりに応じた学習活動や学習課題に取り組む機会を提供することも、「学習の個性化」として、大切な視点**なのです。

「指導の個別化」も「学習の個性化」も、一人ひとりの子どもにとって最適な学習を実現するという意味では同じものです。「指導の個別化」と「学習の個性化」を合わせて学習者視点から見た概念が「個別最適な学び」となります。「個別最適な学び」のポイントは、**子ども自身が個別最適な学習を進められるよう、教師が指導を工夫するという考え方をもつこと**です。つまり、**学習者中心・学習者主体で考える**のです。一人ひとりに合った学習活動、学習課題、学習方法、学習環境は異なるからです。

算数で言えば、去年までの学習でつまずいている子もいれば、塾で予習している子もいます。その場合は、復習問題から順番に解くコース、発展問題に挑戦するコースといった具合に、子どもにコースを選択させる場合もあります。算数が苦手なら、2学年ほど戻って取り組む子もいます。選択させることで、自らの学習を調整できるよう導くのです。

# 8

# 教師が対応するのではなく、子どもに選ばせる

## 全員に教師が対応するのは不可能

小学校高学年の算数で、分数の文章題を解かせているときのことです。

若いU先生の教えている子の中に、文章題になるとお手上げの子がいました。計算問題だとすんなり解けるのですが、文章題だと「よくわからない」と訴えてくるのです。計算の仕方や分数の概念はよく理解できています。しかし、文章の意味がつかめないと困っているのです。

一方、学級にはそれとは反対の子もいました。その子は、計算問題は得意ではありません。ゆっくり考えながら解いています。ところが、文章題になると、スラスラと解いているのです。

つまり、子どもによって何が得意で、何が苦手なのかが異なるのです。つまずくところも異なります。また、各自の学習進度や学習到達度が異なることもあります。

文章題の苦手な子は、この場合、国語の学力が低いことが原因でした。そこで、U先生は、文章を頭でイメージさせてみました。文脈に気づかせる指導も行いました。さらに、似た文章題を繰り返し解かせてみました。すると、「問題文に書かれている意味がわかった」と喜び、すんなりと解けるようになりました。

一方、計算の苦手な子には、復習から行うことにしました。分数ではなく、1〜2学年前の簡単な計算なら解けるのです。簡単な計算に慣れさせてから分数の計算をさせると、スラスラ解けるようになってきました。分数の意味も再度確認しなくてはなりませんでした。

このように、個別のつまずきに合わせて教えないと、全員の学力を高めることができなかったのです。

U先生が様々な授業方法を試していると、子どもによって適した学び方が違うことが見えてきました。

例えば、図をかくと文章題を理解できる子もいました。一方で図をかくと「余計にわからない」と訴える子もいました。よかれと思って様々な工夫を授業に取り入れるのですが、子どもによって何が適しているかが異なるため、U先生は困ってしまうのでした。

## ≫ つまずきを出し合うと、「あと少しでわかる状態」に近づく

小学校高学年で最も難しいと言われる分数の文章題で、次のような問題が出てきます。

「$\frac{3}{5}$㎡の壁を、$\frac{1}{3}$dLで塗れるペンキがあります。1dLで何㎡塗れますか」

子どもたちの中には、問題文が難しいと訴える子がいます。問い方が難しいのです。

例えば、次のようにするとまだわかると言います。

「$\frac{1}{3}$dLのペンキを使うと、$\frac{3}{5}$㎡塗れます。1dLでは、何㎡塗れますか」

この方が題意（文脈）をイメージしやすく、問われている内容がわかると言うのです。

さらに、他にも「なぜかけ算にならないのか？」「わり算で解くのはどうしてか？」という疑問も出されます。もちろん、「$\frac{3}{5}$㎡の3倍」でも解けます。ただ、教科書は「3/5㎡÷1/3dL」という解き方になっており、なぜ分数でわるのかが感覚的に理解できないのです。


冒頭の例でも見たように、子どもによって、つまずきを感じる学習課題（学習内容）は異なります。さらに、理解しやすい学習活動（学び方）も異なります。

そこで、教師としては子どものつまずきを捉える必要があります。つまずきは子どもを観察していてわかることもありますが、30～40人全員を見取るのは困難です。

そこで、**理解に応じた学習活動や学習課題を、子ども自身に選択してもらえばよい**のです。すると、自分に合った内容や学び方で学習を進められるというわけです。

例えば、「簡単な問題で復習を行いたい場合」「わり算の意味など、問題の解き方のヒントを知りたい場合」「式と答えの正解を見てから、どうしてそうなるのかを考えたい場合」など、いくつかの場合を想定して、子どもに自分に合った解決方法を選択させる実践を行ったことがあります。**あらかじめヒントや復習問題を用意しておき、子ども自身が学習活動や学習課題を選べるようにした**のです。

選択肢を用意することで、子どもは自分に合った学習活動や学習課題を選択できました。つまり、個々のつまずきや得意な学び方は異なるため、**自分に合った学習を選択できる環境を用意することで、子ども自身が自らの学習を最適になるよう調整できた**わけです。

このときは、式と答えの正解を先に見て、後からどうしてそうなるのかを考えることも認めました。これには「最初から式や答えを教えるなどとんでもない」という批判の声もありました。

ただ、このような学習方法が適している子がいたのも事実でした。先に正解を見て、そして類題を考えているうちに、徐々にわかってくると本人が言うのです。

他にも、数直線や、面積図、関係図で考えると、余計わからなくなると訴える子もいました。理解してから図や数直線を使いたいと訴えるのです。

また、簡単な整数から考えたい子、わられる数は分数で、わる数は整数で考えたい子などもいました。わる数を分数にする場合、$\frac{1}{3}$は理解できないけど、$\frac{1}{2}$にすると、とたんにわかる子もいました。

学習活動や学習課題を本人が選べる環境をつくれば、一人ひとりに対応できます。しかも、自分で学習を調整する力や姿勢も身につくので、一石二鳥です。

ただし、ここで注意点があります。それは、**全員がだいたいわかった状態で、最後に「個別最適な学び」の工夫を取り入れるべき**だということです。全員がまったくわからない状態では、わからないことの種類が多過ぎて、「個別最適な学び」をつくることが、時間的にも、教師の対応のキャパシティからも難しくなるからです。

つまり、**問題を全部丸投げで子どもに解かせるのではなく、「だいたいわかった」「あと少しで自力で解けそうだ」というところまで、壁をなくしてやる**のです。

この年は算数の苦手な子を集めた学級（習熟度別クラスの最も算数の苦手なクラス）を受けもっていたこともあり、$\frac{1}{3}$ではなく、$\frac{1}{2}$にするとたんにわかるという子が多くいました。そこで、単純にペンキの量が2倍になったのだから、$\frac{3}{5}$㎡の2倍塗れることを確認しました。

ここまで理解させておいてから問題に移りました。最初に同じような問題を解いているので、「よく理解できる」という感想を子どもは口々に言いました。同じような文脈で問題を解くことができるので、すんなり理解できる子が多くいたのです。

さらに、子ども同士で、「どこまでわかるか」「どこがわからないのか」を話し合わせることも効果がありました。**つまずきを出し合うと、不思議と「あと少しでわかる状態」に近づいてくる**のです。また、「$\frac{1}{3}$とは何か」など、基礎的な内容が理解できていない子は、ペアや4人班で話し合っているときに、他の子に解説してもらって思い出せます。

このように、「ある程度理解できた」「もう少しで解けそうだ」という状態にお膳立てしていくのです。そうすれば、多くの子がすんなりと問題を解いていけますから、個別に合わせた学びを教師が工夫することにも無理がなくなるのです。

# 9

# わからない子がいたら「指導の個別化」をすればよいと考えるのは早計

## 「わからない」「おもしろくない」は特別支援を要する子以外も感じている

若いU先生の学級には、特別支援を要する子が複数いました。

その子どもたちは、正直に自分の気持ちを伝えることがよくありました。

「何をすればいいか、指示がわかんないよ」「今何て言ったの？　先生、話が長くてわかんないよ」「何を尋ねられたのかわからないよ」と思ったことをすぐに口にするのです。

時には授業中に、はっきりと不満を示すこともありました。

「先生、授業おもしろくないよ」「眠たくなった」「こんな活動は退屈だ」

少しでも子どもに合わない授業をすると、不満を言います。感想を言うだけでなく、手遊びを始めたり、居眠りしたり、別の活動を始めたりと、学習に向かわなくなります。

U先生ははじめ、「わからない」「おもしろくない」は、特別支援を要する子だけの感想だと思っていました。ところが、他の子を見ていると、口には出さないものの、同様にわからない顔をしていたり、退屈な表情をしていたりするのです。感想にも、「今日の授業はよくわからなかった」「難しかった」などと書かれることもありました。

つまり、**特別支援を要する子が感じたことを、他の子も感じていた**のです。

U先生は、特別支援を要する子を複数担任していたこともあり、様々な研修会で発達障害の知識を学ぶようにしていました。また、発達障害を専門とする医師にも、対応の仕方を教えてもらうようにしていました。研修会にも継続的に参加していました。

こうして、発達障害の特性を理解し、特性に合った対応を工夫するようにしたのです。

例えば、次のような授業方法を取り入れるようにしていました。

「ワーキングメモリーが少ないので、1つずつ短く指示する」

「視覚優位と聴覚優位があるので、視覚からも聴覚からも情報を入力する」

「見通しをもたせないと不安が高まるので、モデリングによって手本や例を示す」

「抽象的な概念を理解することが難しいので、具体から教える」

これらの理論と授業方法を取り入れると、特別支援を要する子も学習に意欲的に取り組み、よくわかると言うようになりました。すると他の子も、授業がよくわかると言うようになりました。特別支援教育の理論と方法は、他の子にも恩恵を与えたのです。

## 特別支援教育の工夫をベースとして授業に取り入れる

先に述べたように、「個別最適な学び」に含まれる視点として、「指導の個別化」と「学習の個性化」があります。

ここでは「指導の個別化」を考えます。

「指導の個別化」には、支援の必要な子どもに重点的な指導を行うことや、子どもの特性や学習進度、学習到達度などに応じて授業方法や教材などを工夫することが含まれます。つまり、特別支援教育の対応も含まれるのです。

冒頭の例のように、特別支援を要する子がよくわかる授業は、他の子にもよくわかる授業になっています。特別支援教育に対応することで、全員がよくわかる授業になるのです。

例えば、小学校高学年の算数の割合の学習で考えてみます。「○は◇の何倍ですか」という問題を解く場面です。

教科書の多くは、特別支援教育に対応できていません。

例えば、教科書には、最初から次のような問題が出てきます。

「科学クラブとサッカークラブの希望者は、それぞれ定員の何倍ですか」

この問題には、特別支援を要する子にとって、次のように、多くの「壁（障害）」があります。

**①数字が示されていない**

数字は、別表に書いてあります。これでは、ワーキングメモリーの少ない子は、離れた位置にある複数の情報を読み取ることに対応できません。

**②1問で2つの式が必要になる**

つまり、1問のように見えて、2問含まれているのです。1つずつの指示しか対応できない子にとって困難となります。

**③問題文が、「解き方の型」に沿っていない**

解き方の型は「○は◇の何倍ですかというとき、○÷△で求められる」と学ぶようになっているのです。しかし、この問題は型に沿ったものになっていません。つまり、問題の文脈がわかりにくくなっているのです。

この問題が、割合における第1問目なのです。スモールステップでもありませんし、他にも「壁」が多くあります。

このまま問題を解くように言うと、案の定、特別支援を要する子は、混乱してやる気を失ってしまいました。「わからない！」「できない！」と口々に訴えたのです。

そして、**特別支援を要する子が「わからない」と訴える場面では、他の子も実は同様に思っているもの**です。

そこで私は、最初の問題を変えることにしました。実際、難しいという感想が多々出されました。数字が明確に示され、しかも、型に沿ったものを取り上げたのです。

以下、習熟度別クラスで、算数が苦手な子を集めたクラスで行った授業です。

最初に、「10円は、5円の何倍ですか」という問題を出しました。

この問題なら簡単に解けました。2学年ほど戻った問題だからです。

「10÷5で解けるよ」と口々に子どもたちは答えました。

ここで、「5円の何倍か」を尋ねているのだから、5円を「もとにする量」と呼ぶことを説明しました。そして、数字を徐々に難しくしていったのです。

「100円は、10円の何倍ですか？」「25人は、5人の何倍ですか？」

3問目で、特別支援を要する子は大きな声で言いました。

「そうか、人の数でも同じように計算できるのか!」

続いて、文章題を示しました。

「子どもが7人います。大人は、35人います。大人は子どもの何倍ですか」

ここで、問題の解き方の型から少し離れてみたのです。この問題から難しいと訴える子が増えてきました。しかし、似た文脈の問題を先に解いているので、何とか解けました。

続いて、次の場合を考えさせました。

「6人は、12人の何倍ですか」

6÷12=0.5となります。

特別支援を要する子が言いました。

「答えが1よりも少ない場合があるぞ! みんな気をつけろ!」

これらの問題を解いたうえで、つまり、**「○は◇の何倍ですか」という文脈に慣れさせたうえで、教科書の第一問目の文章題を解かせた**のです。

これはうまくいきました。すんなりと自力で解決しようとしたのです。そして多くの子が自力で解決できました。その後の仲間と解き方を話し合う場面でも、話し合いに参加できました。

特別支援を要する子の中には、これでも解けない子がいました。しかし、最後まで自分で考えていました。「もう少しで解けそう」と集中していたのです。結果として、思考することができ、その後の話し合いでもわからないところを友だちに質問して尋ねることができていました。つまり、話し合いにも参加できたのです。

このように、教科書通りに指導を行うと、子どもが混乱することがあります。教師が特別支援教育の理論と方法を学び、教師という濾過器を通して、できるだけ障害の少ない授業をつくる必要があります。そうすることで、「指導の個別化」の工夫のうち、「学習進度、学習到達度に応じた指導」を行いやすくなります。このときも、ほぼ全員が理解できたので、「指導の個別化」の工夫のうち、「個別指導（重点的な指導）」の時間を確保できました。

**時間に余裕ができることで、「学習の個性化」の時間も確保できるようになります**。私の場合、「類題をさらに解きたい人」「難問に挑戦したい人」「超難問にチームで挑戦したい人」といったように、教科書の基礎問題を解いた後で、何を学ぶかを選択させました。

つまり、**「わからない子がいたら、『指導の個別化』（個別指導）をすればよい」と考え**

**るのは早計**なのです。これでは個別指導を、多くの子にしなくてはならなくなります。

そうではなく、**「最初から特別支援教育にも対応した授業をしておいて、多くの子が『できる・わかる』状態にしたうえで、それでもわからない子がいたら対応しよう」と考えた方がよい**のです。このスタンスなら、教師にも子どもにも無理が生じません。

そもそも、基礎・基本を確実に習得させておかないと、「協働的な学び」の場面を用意することは難しくなります。この場合、全員が問題をある程度解けるようになっていないと、その後の話し合いにも参加できませんし、発展問題をチームで解く場面にも参加できません。つまり、「協働的な学び」も実現できないことになるのです。

算数が苦手な子が集められたクラスでは、「学習の個性化」で、自分がやりたい課題を選択させると、4月の最初はほぼ全員が「類題を解く課題」を選択します。しかし、基礎・基本が習得でき、自信が出てくると、やがて「難問を解く」「超難問をチームで解く」という課題に挑戦する子が増えます。「学習の個性化」の充実には、基礎・基本を確実に習得させられる、全員にとってわかりやすい授業の実現が必須なのです。

そのためには、特別支援教育の工夫をベースとして授業に取り入れたらよいのです。

# 10 盲点になりがちな「学び方」の知識・技能

## 新しい授業方法を取り入れるだけでは…

D先生は、若いながらも、「新しい教育」や「教育の現代的な課題」に対応するようにしていました。例えば、文部科学省の答申や、OECDなどの国際機関の報告書、各国の先進的な取組事例などを参考にして、授業を少しでもよいものにしようとしていたのです。

「協働的な力と姿勢を育てることが大切だ」という報告を見つけると、協同学習を取り入れるようにしたり、「持続可能な社会の創り手の育成が大切だ」という報告を見つけると、ESDやSDGsの理論と方法を取り入れたりしてきました。

つまり、D先生は、教育の「不易」と「流行」のうち、「流行」にも対応しようとしていたのです。特に、新しい授業方法（子ども目線で言えば学習方法）には、敏感に反応するようにしていました。

さて、流行に沿って授業を行うのはよいことなのですが、なぜか授業がうまくいかないことが多くありました。

例えば、「将来の予測が困難な時代に、複雑で変化の激しい社会の中で生きていく力を養うため、発展的な課題を協働的に解決させる学習が大切だ」とされると、さっそく取り入れてみます。算数や社会科などで難問を示し、チームで解決するよう促してみるのです。ところが、チームで協働しながら解決するよう促しても、うまくいきません。

他にも、「個別の興味・関心・キャリア形成の方向性などに合わせ、様々な課題を設定し、探究させる学習」を取り入れたときにもうまくいきませんでした。理科で、環境問題をテーマに、各自の興味・関心に沿った課題を考えさせたのです。そして、一人ひとりに自力で探究を進めるよう促しました。しかし、個々がうまく学習を進められないのです。

D先生は、新しい授業方法（学習方法）を取り入れるだけで、子どもは学習を進められるし、資質・能力も伸ばせるだろうと、安易に考えていました。ところが、そう簡単にはいかなかったのです。

チームで協働的に問題解決を行う「協同学習」を取り入れても、うまく学習を進められません。例えば、話し合いの仕方がわかりません。意見のまとめ方がわかりません。情報の調べ方やまとめ方がわかりません。レポートの書き方やプレゼンの仕方がわかりません。

逐一、子どもたちは「わからない」と訴えるのです。時には、適当に話し合ったり、やっつけ仕事で情報をまとめたりして終わってしまうこともありました。

チームでなく、個別に探究させても、やはりうまくできません。問題の見つけ方がわかりません。仮説や予想の発想の仕方がわかりません。解決方法の発想の仕方がわかりません。解決も1人ではできません。考察の方法もわからない、といった具合なのです。

ここに至って、D先生は新しい授業方法（学習方法）を取り入れるには、「学習内容」に関する基礎・基本の知識・技能だけでなく、その学習を進めるための**「学び方」の知識・技能を養っておく必要がある**ことに気づいたのです。

そして、「学び方」には、様々な要素があることにも気づかされたのです。例えば、問題発見や予想・仮説の発想、解決方法の発想、考察の方法などです。これらは「問題解決の方法」と言えるものです。その他にも、調べ学習の進め方、発表の仕方、議論の仕方、情報のまとめ方などもあります。これらは、「学習の基盤となる能力」と言えるものです。

このように、単に新しい授業方法を取り入れるだけでは、不十分であることに気づいたのです。

## 2種類の知識・技能を考えておく

何らかの授業方法（子どもから見たら学習方法）を取り入れる際、その学習を行うために必要な知識・技能が身についているかを確認することは重要です。

例えば、算数で発展的な内容を扱うなら、教科書レベルの知識・技能は確実に習得させていないといけません。この場合、**「学習内容」の知識・技能**の習得が問われるのです。

一方、国語の物語を自力で読解させるなら、「読解するための方法や視点」を習得できていないといけません。この場合、「読解の方法」という**「学び方」の知識・技能**の習得が問われるのです。

特に忘れがちなのが、この「学び方」の知識・技能です。例で見たように、「問題解決の方法」や「学習の基盤となる能力」など様々なものが含まれます。もちろん「学び方」の知識・技能が十分に身についた状態でその授業方法を取り入れるのが望ましいのです。

ただし、「学び方」の知識・技能が十分に習得されていない場合もあります。その場合は、「学び方」の知識・技能を教師が補うか、その都度教師が教える必要があります。つまり、**学習を進めながら、「学び方」にも習熟させていく**わけです。

例えば、「学び方」の最も基本で、しかも重要なものとして、「比較」があります。「何かと何かを比較して、共通点や差異点を探したり、一般化を図ったりする」方法です。科学研究の世界では、最初に教えられる「学び方（研究の進め方）」でもあります。比較することで、問題が発見でき、新しい知見が明らかになるのです。

では、教師である自分は、「比較は、『学び方』の基本である」ということを学校で教わったでしょうか。残念ながら、比較という基本の「学び方」ですら、教わった教師は多くありません。学び方を教える意識が、そもそも教える側になかったことが原因です。

このように、私たち教師は「学習の個性化」を取り入れ、チームで協働させたり、個別に探究させたりする際に、その学習に必要な「学び方」を教えようと意識しないといけないのです。

例えば、問題発見の場面では、複数の物事や観察データを比較しながら問題を考えさせます。その体験を通したうえで「比較することで問題は発見できる」と教えるのです。

理科で考えます。昆虫には完全変態と不完全変態のものがいます（無変態類もいます）。

バッタは幼虫と成虫が似ています。一方チョウは幼虫と成虫が別の姿をしています。

ここで問題を見つけることができます。「昆虫の成長の仕方は何種類あるのだろうか」「どの成長の仕方がメリットが大きいのだろうか」などです。

完全変態は、幼虫のとき過ごしていた環境（青虫ならキャベツ畑でキャベツを食べている）から、成虫になると違う環境（花の蜜を吸う）に移動することが多くあります。つまり、もし環境が大きく変化しても、別の環境で過ごせる分、適応力が高いと言えます。バッタは草むらにいて草を食べています。幼虫も成虫も同じ環境で生きているため、同じ草を取り合う競合関係になります。草が少なくなると適応できにくいのです。

ただし、完全変態の場合、蛹のときは無防備になるデメリットがあります。不完全変態は、幼虫のころからすばやく動けるメリットがあります。

子どもたちは、メリットデメリットを考えながら、どの成長の方がよいかを考察します。比較により問題が発見でき、解決もできたのです。学習後に言います。「理科では比べることで、問題を見つけたり、解決できたりします。比べることを大切にしましょう」

このように、「学び方」を教える意識が大切です。特に、新しい授業方法を取り入れたとき、どんな「学び方」が必要なのか、検討しておくことが大切になるのです。

# 11

# 「学習の個性化」には、2種類の知識・技能が必須

**必要な知識・技能がなければ、教科書通りに授業は進められない**

若いI先生は、教科書通りに授業を進めても、子どもたちの学習が深まらないことがあると気づきました。例えば、高学年国語の「物語をつくる」学習でのことです。概ね、次の展開で子どもなりのオリジナルの物語を考え、作文していきます。

1 写真からイメージした言葉を樹形図に表す
2 樹形図を発表して、情報交流する
3 どんな物語にしたいか（主題・ジャンル）を考える
4 物語の設定（場所、時代、季節、登場人物、主役、対役、視点、中心となる出来事など）を考える
5 あらすじ（起承転結、序破急など）を考える
6 書き出しで、読者を引きつける工夫を考える

7　描写の技法を使いながら、臨場感のある物語を書く
8　書き上げた物語を読み合ったり、発表したりして、批評し合う

この展開自体は悪くありません。物語をつくるうえでは基本の展開であり、学習者にとっても無理のない、教科書通りの流れになっています。しかし、子どもが「わからない」「できない」などと訴える場面が多いのです。

例えば、「視点って何？」と訴える子がいます。これまでに「物語の視点」に関して教わっていないのです。また、「起承転結」も「序破急」もわからないと訴えます。これも教わっていないのです。物語や詩を読んだ経験はあっても、起承転結や序破急という「概念」を意識しながら分析した経験はないのです。

さらに、描写の技法を使って書く、一文を短く書く、一文一義で書く、などの物語を書くための技能が身についていない子も多数いました。

そこで、物語をつくる以前に、学習を進めるための「知識・技能」を教えなくてはならなくなったのです。ところが、これらの知識・技能は習得に時間のかかるものばかりです。

例えば「視点」の習得だけでも、最低3時間はかかってしまいます。**学習に必要な知識・技能が習得できていない状態では、教科書通りに進めることすらできない**のです。

## 》自由度が高い学習ほど、多くの知識・技能が求められる

「学習の個性化」を進める場合、例えば、「物語をつくる」という国語の学習では、一人ひとりの興味・関心に合わせて自由に物語を考えてよいことにするはずです。

物語のジャンルは様々あります。

冒険譚やファンタジー、ミステリー、ホラーなどです。

各自の興味・関心に合わせて自由に物語をつくるよう指示するだけなら、教師は楽です。

しかし、冒頭の例にもあったように、**自由度が高い学習ほど、学習に必要な知識・技能が身についているかを、教師が吟味する必要が生じます**。

前項では、学習を進めるために必要な「学び方」の知識・技能の習得に関して述べました。

本項では、**「学習内容」の知識・技能**が問題になっています。

つまり、学習を進めるには、物語づくりという学習内容に関する知識・技能を授業前に

考えないといけないのです。

I先生は、「学習内容」の知識・技能を教える必然性に気がついています。このように、知識・技能の習得が不十分な場合は、活動する前にそれらを教える時間を取らなくてはなりません。

ところがそれをしないまま、最初から子どもに活動を任せてしまうような授業が見られます。

例えば、次のような展開です。

1　とりあえず物語を各自が自由に書く
2　子ども同士で読み合う
3　友だちのよいところ、改善点を話し合う
4　友だちの意見を参考にして、自分の書いた物語を改善する
5　もう一度子ども同士で読み合う
6　班の中でよい作品を1つ選んで発表会を行う

この展開では、1の段階からつまずく可能性が高くなります。物語を書けない子もいますし、書けても上手な子はいません。

では、改善点は子どもから出されるでしょうか。これができないのです。子どもの中で改善の視点や方法が理解されていないので、何をどう改善すべきかわからず、分析も批評もできないからです。よって、「よくわからない」「おもしろくない」といった非難の言い合いになります。けんかになるチームも出てきます。

この授業の最大の問題点は、**子どもの中に蓄積された知識・技能に頼りきっている**点です。つまり、物語の執筆や改善をする機会はあるのですが、子どもの中にある知識・技能に規定されてしまっている点が問題なのです。

仮に、この学習を行う前に、「学習内容」の知識・技能を全員が習得しているのであれば、このような活動・体験重視の授業でもかまいません。なぜなら、すでにある知識・技能を活用する場面となり、活用の力を伸ばせるからです。

しかし、もし「学習内容」の知識・技能の習得がなされていないなら、子どもだけで学習を進めることはできません。まして、子ども同士で作品を批評し合うことはできません。

つまり、**学びが深まらず、いわゆる「這い回る経験主義」になってしまう**のです。

高等学校などで、「体験・活動・生徒中心の学習で、教師が介入や教える行為を行わなくても学習は成立した」という手柄話を聞くことがあります。それは単に、過去にだれかが「学習内容」の知識・技能を習得させていただけの話です。過去の教師や塾、家庭教育などの手柄であって、授業をした教師の手柄ではありません。まして、授業をしていない校長や教育委員会の手柄ではありません。

**「学習の個性化」を取り入れるなら、「学び方」の知識・技能と、「学習内容」に関する知識・技能の両方が習得できているかを、事前に教師が吟味すべき**なのです。

# 12

# 疑問や調べたいことは、簡単には見つからない

**「疑問すらわかない」「何がわからないのかもわからない」**

若いY先生は、研修会で、「『個別最適な学び』では、一人ひとりの興味・関心に合わせ、学習活動や学習課題を設定し、解決させることが大切だ」と教えられました。

そこでY先生は、子ども一人ひとりに「課題の設定」をさせようと考えました。子どもに「疑問」や「調べたいこと」を尋ねることで、それらを学習課題として取り上げようとしたのです。「学習は、学習者の疑問や質問から始まる」「教師は学習者が疑問を見つけ解決するのを見守る伴走者であるべき」「子どもが質問することが大切で、教師は誘導を避けるべき」などと研修会で学んだことも影響していました。

そこで、Y先生は次のように考えたのです。

「単元の最初に、疑問や調べたいことを子どもから出させよう。出てきた意見を課題として設定し、個々に解決させたらいいだろう」

さて、さっそく理科や社会科で、「○○に関して疑問や調べたいことを書きなさい」と、単元の最初に指示しました。

ところが、Y先生の予想に反し、子どもたちが疑問や調べたいことを書けないのです。書けていても、単元で教える内容とはまったく異なる内容を書いている子もいます。

例えば、小学4年の理科で、「水や空気は圧すと縮むか」「圧す力によって、圧し返す力はどう変化するか」を教えたいのに、「水や空気の特徴で、疑問や調べたいことはありませんか」と尋ねると、「虹はどうやってできるのか」「水がキラキラ輝くのはどうしてか」などが出てくるのです。

「水や空気」ならば、日頃から経験していることもあり、疑問や調べたいことはかろうじて書くことができます。しかし、**知識と経験の少ない単元の内容だと、「疑問すらわからない」「何がわからないのかもわからない」といった様子**なのです。

例えば、手回し発電機に関して、疑問や調べたいことを書くように言っても、そもそも「手回し発電機とは何か」がわからないのです。だから、まったく書けないか、もしくは、「手回し発電機って何?」といった表面的な疑問しか出てこないのです。

U先生は、研修会で学んだ方法をそのまま実行するのは困難だと気づいたのでした。

## ≫ 重要な疑問に気づけるよう意図的に授業を展開する

「疑問」や「調べたいこと」を子どもに確認し、問題づくりを行うことがあります。このとき注意したいことがあります。それは、**知識・体験の蓄積がないと、子どもは「わからないことすらわからない」状態**だということです。つまり、ある程度の知識・体験の蓄積がないと、疑問や調べたいことも思いつかないのです。

ここでは、知識の蓄積に関して考えます。例えば、小学3年の理科では、「昆虫の成長や体のつくり、生活の様子」を学びます。

最初に、「クワガタムシは昆虫だ」「モンシロチョウは昆虫だ」という知識を学んだとします。初学者にとっては、それぞれが別個の知識であり、関連はなく、孤立した知識となります。つまり、「孤立した個別の知識」を得たと言えます。

あるいは「クワガタムシは、卵で生まれ、幼虫、蛹を経て、成虫になる」「モンシロチョウは、卵で生まれ、幼虫、蛹を経て、成虫になる」という知識を学んだとします。これも、初学者にとっては、やはり別個の知識であり、関連はなく、孤立した知識になります。

**「孤立した個別の知識」の蓄積が進むと、やがて、知識同士を関連させせられるようになります。**例えば、「昆虫の体のつくりとして、羽があるようだな」「昆虫は卵で生まれるようだな」「蛹になってから成虫に変化するのだな」といった具合です。

近くの知識同士を関連させせられるようになり、体系的な理解ができるようになるのです。つまり、知識が「体系化（システム化）」されたのです。**「孤立した個別の知識」が集まることで、「体系化されたまとまった知識」が生まれた**わけです。

このように、知識が体系化され、ある程度深く理解できたとき、ようやく疑問や調べたいことが生まれてくるのです。例えば、次のようにです。

「運動場のアリには羽がなかった。羽のない昆虫もいるのかな」（矛盾に気づく）
「どの昆虫も必ず蛹になるのだろうか」（知識の適用範囲に疑問をもつ）
「外国の昆虫にはどんなものがいるのだろうか」（他の内容に興味をもつ）

このように、「孤立した個別の知識」が集まり、「体系化されたまとまった知識」が生まれ、理解が深まるほどに、疑問や調べたいことが生まれるというわけです。

ここで大切なのは、**疑問や調べたいことは、蓄積された知識の「すぐ近く」でしか発生しない**ことです。しかも、「孤立した個別の知識」の近くではなく、「体系化されたまとま

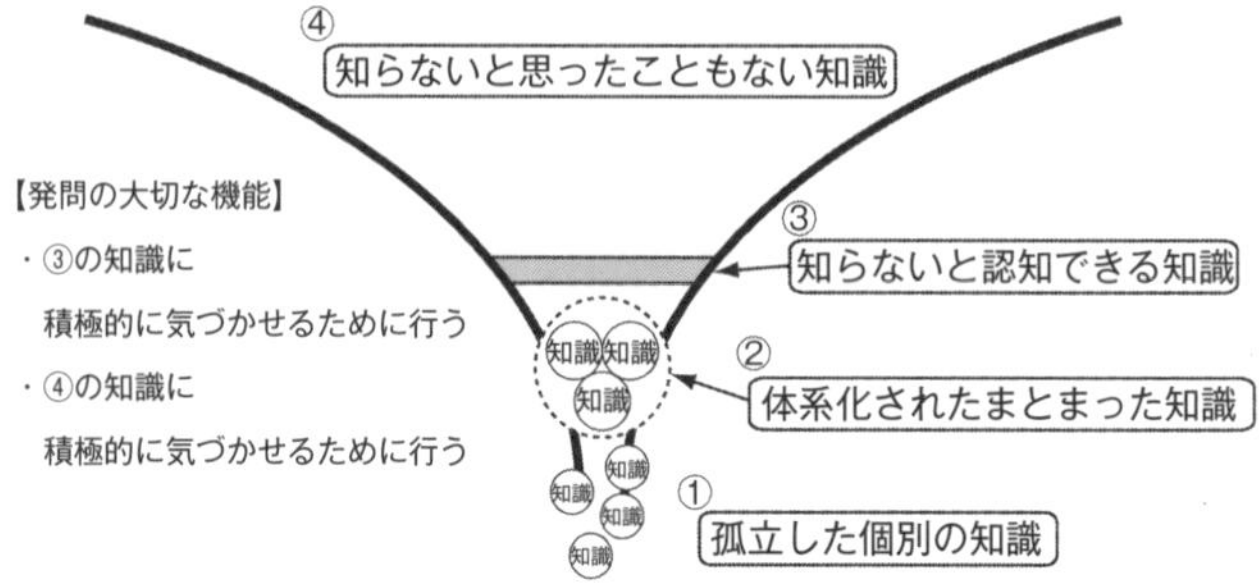


った知識」のすぐ近くで発生するのです（上図参照）。つまり、**「知らないと認知できる知識」は、よく理解できている知識のすぐそばにしかない**ということです。

「知らないと認知できる知識」の外側には、**「知らないと思ったこともない知識」**が広がっています。意識すらしたことのない知識の領域です。このような、自分がもっている知識とあまりにもかけ離れている知識に関しては、疑問や調べたいことの発想は大変困難になります。

「個別最適な学び」で探究的な学習を意図し、子どもたちに個別の課題をつくらせるとします。その場合、教師が教えたい内容に関して疑問や調べたいことが発生するよう、意図的な知識・体験の蓄積を必要とすることがわかります。つまり、「ある内容に関して疑問や調べたいことを発想させたい」と教師が意図し、計画的に「どういう知識・経験を蓄積させたらいいのか」を考えないといけないのです。体験しないと理解できない知識もあるので、体験も大切になります。

なお、「知らないと認知できる知識」の外側の「知らないと思ったこともない知識」は、膨大な情報量になります。この領域は「心理的盲点」となっている場合が多く、そもそも考えたこともないような知識になります。例えば、昆虫の学習なら、次のような内容です。

「昆虫に社会性はあるか（蟻やミツバチは社会性昆虫として有名です。最近ではアブラムシの中にも社会性昆虫が見つかっています）」

「昆虫は何から進化したか。昆虫と鳥の飛び方に違いはあるか。羽の違いはあるか」

自然とこのような疑問や調べたいことが浮かぶでしょうか。おそらく考えたこともない、意識したこともない内容だと思います。昆虫と鳥の羽は同じようなものだと何となく思っている人が多いのです。ところが、両者の構造はまったく異なります。飛ぶ原理も異なります。このような心理的盲点となっている知識に気づかせたり、問いをもたせたりするには、教師の発問や知識・経験の意図的な蓄積が欠かせません。

ここでもう1つ大切なことがあります。

「『知らないと認知できる知識』ならば、子どもたちは自然と疑問や調べたいことを発想できるか」

この問いの答えは、「できない」です。「完全変態と不完全変態」の話をしましたが、昆虫の中には、蛹になるものもあれば、ならないものもあります。小学校で学ぶ知識です。

では、この知識を学んだとして、次のような疑問が自然と生まれるでしょうか。

「昆虫によって完全変態と不完全変態に分かれているのはなぜか」

「どちらが進化した形態か。どちらの種が多いか。他の変態はないのか」

おそらくは、このような疑問や調べたいことを発想した人は少ないと思います。

なぜ、「知らないと認知できる知識」ですら、疑問や調べたいことを発想できないのでしょうか。それは、ここで例示した疑問や調べたいことが「重要なもの」という判断が初学者にできないからです。**重要性が感じられない知識は、意識にのぼらない**のです。

だからこそ、教師の発問には意味があり、大切な機能を発揮します。**発問することによって、「知らないと認知できる知識」ですら、教師が積極的に、「ここがわかっていないよ」「ここが重要だよ」と気づかせないといけない**ということです。

まして、「知らないと思ったこともない知識」は、教師がかなり積極的に「ここがわかっていないよ」「ここが重要だよ」と、発問によって気づかせないといけません。

とりあえず疑問や調べたいことを子どもに尋ねたら学習が始まるわけではないのです。

# 第3章

## 本当は大切だけど、
## 誰も教えてくれない

# ［授業デザインの方法］
# 7のこと

# 13

# 失敗から学べるのは、普段から成功体験を積み重ねている子だけ

**失敗から学ぶ体験を多く用意したけれど…**

「失敗から学ばせることが大切だよ。失敗させる機会を数多く用意するんだよ」

H先生は、若いころ、様々な公的研修会でこのように教えられました。

研修会では、講師が次のように教えてくれたのです。「これからの時代、正解のない複雑な問題が多く発生する社会を子どもたちは生きていく。だから、試行錯誤させる学習が大切になる」「今後、非認知能力を育てる必要がある。その中でも特に、回復力(resilience)や忍耐力(perseverance)を育てる必要がある」

そして、「失敗が多くてもあきらめず、粘り強く取り組む姿勢を育てる授業をすべきだと教えられたのです。H先生は、すすめられた授業方法は、一度は試してみることにしていたので、それならばと、失敗を多くさせる学習を取り入れようと思いました。

例えば、算数の教科書で難問が出てきても、「自分なりに試行錯誤して解きなさい」と

子どもに任せるようにしたのです。難問ですから、何度も間違えます。「チームで相談しなさい」と指示することもありました。チームで相談しながら解いても、難問ですから、やはり何度も間違えます。「試行錯誤を促す学習が、最も新しく、今の時代に合っているのだ」と、H先生は、自分の思い通りに授業が進むことに満足していました。

時には、基礎・基本を教える場面でも、「できるだけ1人で考えなさい」「チームで相談して、理解できるようにしなさい」と任せることもありました。「少しの失敗でめげない子どもになってほしい」とH先生は思っていたので、失敗から学ぶ体験を多く用意したのです。技能系の授業でも、同じように進めることがありました。例えば、ハードル走や跳び箱運動などでも、「どうやったら記録が伸びるか、チームで相談しなさい」「自分で試行錯誤しながら練習しなさい」と、子どもたちに任せるようにしたのです。

子どもたちは試行錯誤し、相談しながら取り組むのですが、うまくいかない場面も多くありました。算数では、基礎問題すら解けない子がいるまま単元が終わることもありました。体育でも同じで、運動ができない子がいるまま単元が終わることもありました。

ここに至って、H先生は何かがおかしいと感じるようになりました。**いくら非認知能力が育っても、基礎・基本の知識・技能すら育成できないのはおかしい**と思ったのです。

## 場面ごとに最適な授業方法を選択する

事例では、「試行錯誤」させる学習が出てきました。これとは反対に、「できるだけ試行錯誤させない」学習があります。**「エラーレス・ラーニング（無誤学習）」**と呼ばれます。

エラーレス・ラーニング（Errorless Learning）とは、次のような学習を意味します。

1　正解を反復する学習

2　誤りや失敗を極力減らし、失敗を経験させない学習

具体的な授業方法としては、様々なものがあります。「スモールステップで課題に取り組ませる」「手本やヒントを十分に示す」「最初は十分に手助けをしながら、徐々に手助けを減らす」「エラーが生じたら即座に訂正する」などです。その結果、失敗が減り、成功体験が多くなる学習です。

エラーレス・ラーニングは、もともと発達障害をもつ子への療育や、記憶障害など何らかの病気・障害をもつ患者へのリハビリテーション分野で取り入れられてきました。今では、新人教育や育児、通常学級の教育でも広まっています。

基礎・基本を習得させる場面では、エラーレス・ラーニングが効果的とされます。特に、基礎・基本が十分に身についていない学習者には効果的とされています。そのため、初等教育の世界では、特に広まりを見せています。

例えば、算数なら、基礎・基本となる問題の解き方をまず教えます。そして教えた解き方に沿った問題を出します。こうして正解となる解き方を反復させながら学ばせるのです。

体育では、運動の基礎・基本をスモールステップで習得できるようにします。高跳びの助走ができるようになってから、次は踏切の練習に進む、といった具合です。そして、跳び方のフォームや着地の仕方などの技能を順次教えていくのです。スモールステップなので、失敗が減ります。一つひとつできるようになるので、子どもたちは自信がもてます。

冒頭の例では、子どもに積極的に失敗させる方法こそ大切だとされていました。しかし、

**「失敗させる」という方法も、数ある授業方法の1つでしかありません。**

何らかの授業のゴールに対して、教育効果を発揮すると思えるなら、手段として「失敗させる」という方法を取り入れることもあるでしょう。それは例えば、「トライアルアンドエラー」で試行錯誤して学習した方が、教育効果が高い場合です。

例えば、理科のプログラミング教育です。プログラミングは、はじめからうまくいくこ

とはあまりありません。試行錯誤することで徐々にプログラムが整ってきます。むしろ、試行錯誤させることで、思考力を伸ばすというゴールを実現できるのです。つまり、**思考力の育成に効果的だからこそ、トライアルアンドエラーという手段が適している**のです。

プログラミングの学習では、活動前に次のように趣意説明します。「この学習は最初からうまくいくことはありません。失敗が続きます。失敗があってもかまいません。むしろ失敗から何か発見があったら、それは大成功なのです」。この趣意説明で、失敗が前提になります。そして、積極的に失敗しながら学ぶ意識を学習者に生み出せます。しかも、失敗を前提とすることで、自己評価が下がることを防ぐことにもなります。

さらに、「失敗を多くする」「失敗から学ぶ」ことで、がんばりが認められます。失敗しても、プラスの評価をもらえるのです。こうして、子どもの自信が高まっていきます。すなわち、トライアルアンドエラーの学習でも、成功体験を積むことができるのです。

他にも、トライアルアンドエラーの学習に向いているものとしては、試行錯誤して正解を導くことができる算数・数学の難問があります。

難問の中には、ひらめきを必要とする問題と、試行錯誤しているうちに解ける問題があります。後者は、自分なりの解法を試したり、時間をかけて取り組んだりすると解ける問題です。失敗しながらも、最後は正解を導くことができます。つまり、この学習もまた、最終的には成功体験を積むことができるようになっています。

失敗体験だけで学習が終わっていたら、子どもは、できないまま、わからないままの状態にとどまってしまいます。そして、意欲や自信が低くなります。

実は、**失敗から学べるのは、普段から成功体験を積み重ねている子だけ**です。日頃の成功体験が少なく、自信のない子は、失敗から目を背けてしまうからです。

**ここで大切なのは、エラーレス・ラーニングでも、トライアルアンドエラーの学習でも最後は成功体験になるよう導いている点**です。成功体験によって自信が高まり、自己評価が高まるようにしているのです。子どもの自己評価が高まったときはじめて、「失敗から学ばせる」という方法が可能になるのです。

基礎・基本の習得場面では、子どもの失敗を極力減らす教え方の方が効果的な場合が多くなります。また、水泳や跳び箱、ハードル走、高跳びなどの実技系の学習で「失敗ばかり」という状態はとても危険です。つまり、エラーレス・ラーニングと、トライアルアンドエラーを取り入れる場面を、区別する意識が、教師に求められるのです。

# 14 授業のゴールの示し方は、3つの視点で考える

## 言葉だけの激励では子どもは動けない

若いE先生は、単元で育てたい資質・能力を授業前に意識するようにしていました。授業のゴールを考え、「このような力や姿勢をつけたい」と思い描いていたのです。しかし、教師が思い描いたゴールを、子どもに示す意識はありませんでした。

そのため、子どもに対する声かけも、「みんながんばりましょう」「考えたことを詳しく書きましょう」など、抽象的な激励にとどまっていました。教師が抽象的な言葉で説明するので、子どもたちはゴールの明確なイメージをもてませんでした。

「言葉だけの激励では子どもは動けない」と気づいたE先生は、激励の言葉だけでなく、具体的なゴールのイメージをもたせる工夫をしてみました。

例えば、新聞づくりをさせる前に、過去担任した子どもがつくった、手本となる実物を示してみたのです。すると、子どもの食いつきがまったく違いました。細部まで手本を見

ているのです。そして過去最高の出来と言える新聞を次々と子どもが完成させたのです。
手本を見せるだけで大きな効果があったことに、E先生は驚いたのでした。

手応えを感じたE先生は、他の場面でも試してみることにしました。例えば、レポートや論文を書かせる前に、先輩の手本を見せたのです。続いて、実物を見せながら、「書き方のコツ」を解説することにしました。そして、「みんなも先輩のようにがんばろう」と激励したのです。するとやはり、その日のレポートは見違えるようによくなりました。

合唱でも体育の表現運動でも、学習発表会でも、練習前に手本となる映像を示すことで、やはり子どもたちのパフォーマンスが向上するのでした。

**激励だけでなく、ゴールの具体的な姿をイメージさせることが大切だった**のです。

ゴールをイメージできると、子どもたちは、何をどうがんばったらすばらしい結果になるか、評価規準を理解できたことになります。そして自分の学習を、評価規準に合わせて自己評価しながら、改善しつつ進められるようになります。つまり、学習結果を評価したり、学習の仕方が合っているかを振り返ったりと、メタ認知できるようになるのです。

ゴールを示す効果を知ったE先生は、これまで自分がそうしていなかったことを悔いることになったのでした。

## ゴールを子どもに示し、主体的に学習を進められるようデザインする

授業のゴールを子どもに示すことは重要です。その視点が3つあります。

1　最終的な理想の姿（ゴール）を**具体的にイメージさせる**こと
2　どうなるとゴールに近づけるのか、**評価規準（または基準）を理解させる**こと
3　ゴールに近づくために具体的にどうすればよいのか、**方法を理解させる**こと

ここでは、教師が忘れがちな1と2に関して述べます。

まずは、1のゴールを具体的にイメージさせることが大切になります。

このとき、**子どもにあこがれが生じるよう演出するのがポイント**です。

例えば、学芸会や学習発表会の手本を見せるとします。「上手な発表をした先輩がいます。先生も心からすばらしいと思いました。先輩を超えるような発表ができたらいいですね」と趣意説明をしてから、過去の映像を見せます。ちょっとしたひと言ですが、このひと言が大切です。手本となる映像ですから、合奏や合唱、劇、プレゼンなどが大変上手です。子どもたちは衝撃を受け、あこがれと「がんばろう」という気持ちをもちます。

このように、ゴールを具体的にイメージさせつつ、「こうなりたい」「自分もがんばろう」という気持ちをもたせます。

ただし、この時点では、どういったことをがんばればゴールに近づけるのか、細かな点まではわかっていません。そこで、ゴールに至るまでに、何をどうがんばったらいいのかを解説する必要があります。

この解説には、2つの方向性があります。1つは、2の「評価規準（または基準）」を示すこと。もう1つは、3の具体的なやり方のコツなどの「方法」を示すことです。

ここでは、「評価規準（基準）」を示す効果に関して解説します。

例えば、劇指導なら、「セリフを覚えてきたら70点」「お客さんに聞こえる大きな声でセリフが言えたら80点」「役になりきってセリフが言えたら90点」「自分なりのアイデアで演技ができたら100点」のように、評価の基準を示すことがあります。

評価規準（点数化して段階をつけたものは基準）を学習者自身が知ることで、自己評価できるようになります。また、自分の出来を振り返ることで、練習内容や練習方法を調整しながら、学習を進められるようになります。

評価規準を示すことで、教師の指導行為は減ります。例えば、できていないところを見取り、個別に助言するといった指導行為が減るのです。なぜなら、**子ども自身が自己評価し、できていないところは自分で改善するようになる**からです。またゴールと評価規準があれば、友だち同士での教え合いもできるようになるからです。

評価規準はわかりやすいものを示すことが大切です。

細かな「ルーブリック（評価基準を表にしたもの）」にしてもよいのですが、子どもにとってはわかりにくくなります。**ルーブリックを示すなら、学習後の方が望ましいでしょう。**自分の学習を振り返り、次の学習に生かす場面で使えばよいのです。

上のルーブリックは、小学5年理科の「振り子の運動」の単元のものです。「振り子のゆらし方を変えて、10往復の時間が変わるかを自由に調べよう」という子ども主体で問題解決する場面での評価基準です。学習後の振り返り場面で使用するなら、子どもたちもルーブリックの文言の意味が理解できます。最初から示しても理解しにくいものになります。

ふりこの「ふしぎ」を調べよう

| | 1点 | 2点 | 3点 |
|---|---|---|---|
| 知識・技能 | ふりこの10往復の時間がわかった | ゆれ方の違いがわかった | ふりこのきまりがわかった |
| 思考・判断・表現 | いろいろな条件のゆらし方を考えた | 条件を1つずつ変化させて調べた | 条件によるゆれ方の違いを説明できた |
| 主体的に学習に取り組めたか | 条件を2つ以上比べようとした | 本当に正しい結果か何度も確かめた | 友だちのアイデアを参考にして、正しくできたか振り返った |

そこで、**活動の前に評価規準を示す場合は、ルーブリックにするのではなく、できるだけ単純化して伝えるべき**です。

先の理科の「振り子の運動」の単元でいうなら、「この学習は、自分の力で解決できることを目指します。自分で考える場面がたくさんありますから、どれか1つでも自分で考えられたらすばらしいです」と単純化して伝えます。そして、「例えばこんな手本(仮説の例)がある」と、例を示しながら、ゴールをイメージさせていくのです。

ところで、評価規準(基準)を示すには、教師自身が、学習内容や教材に精通していないといけません。理科なら、例えば「望ましい仮説とはどういうものか」「より妥当な考察とはどういうものか」などが説明できなくてはいけません。しかも、小学生に示すならば、簡単な言葉で示すことができなくてはならないのです。

実際、小学生に「こういう仮説が望ましい」と評価規準を示すことで、子どもたちは自分が考えた仮説が適切かどうかを振り返ることができるようになります。

ゴールや評価規準を示すことは、子どものパフォーマンスを高めるだけでなく、**自分の学習を調整する姿勢や力をつけることにもつながる**のです。

# 15

# 教育の流行に対して、動的平衡の感覚によるリスクヘッジが必要

**常に流行に流されていると…**

若いR先生は、時代によって授業方法や内容は大きく変化すると感じていました。

例えば、パソコンが学校に導入された時代、「今後はプログラミング言語を使いこなす力の育成が大切だ」と、時間をかけて教える教師がいました。簡単な計算プログラム、文字を入力して印刷するプログラムなどを、多くの時間をかけて教えていたのです。

ところが、しばらくすると、視覚的に操作可能なGUIが普及し始めました。プログラミング言語を覚えなくてもよくなったのです。長時間かけて教えていた内容が、急に実生活に役立たなくなってしまったのです。

同様の出来事は、数年後にも起きました。インターネットが普及してきた時代、「ネットで調べ学習を行い、HPを立ち上げて発信することが大切だ」とされました。インターネットで情報を受信するだけでなく、発信する力を養う目的での授業が流行したのです。

この時代、ネット検索やHPの作成に時間をかける教師が多くいました。ネット検索に関しては、今では当たり前にできる子が多くいます。情報リテラシーは今も変わらず教える必要がありますが、検索の仕方を一から教える必要はなくなってきています。HPの作成も、かつてはHP作成に必要なプログラミングに関する難しい言語を知っておく必要がありました。しかし、今では感覚的に簡単につくれるので、教える必要はなくなっています。

他にも、「体験や生活に沿った学力の育成が大切だ」とされた時代には、国語の時間に、文章の読解よりも、劇や発表会に力を入れる教師が現れました。漢字の習得や文章の読解に時間を確保しないので、漢字の習得や音読すらその学級では不十分でした。もちろん、文章を深く読み取る力を養うことも不十分でした。しかし、物語に書かれてある内容を劇化させるわけです。R先生は矛盾を感じていました。

このように、**「〇〇教育が大切だ」という主張が現れ、流行が生まれると、極端に時間をかけて行おうとする現場の風潮がある**のです。ところが、時間が経過してみると、その「〇〇教育」は陳腐化することがあります。学習内容が必要ないものになってしまったり、授業方法が子どもの資質・能力の育成に効果的でなかったりするのです。

## 》流行のデメリットや陳腐化の危険を意識する

日本でも世界でも、これまで様々な教育の流行がありました。そのたび、「不易」と「流行」のうち、「流行」に偏った教育が行われてきました。

例えば、「体験中心の学習が大切だ」とされた時代、体験によって知識は理解されるだろうと、最初は想定されていました。ところが、知識を深く理解するどころか、浅い知識しか身につかないことが子どもの事実として明らかになりました。こうして、「這い回る経験主義」と揶揄される結果となったのは周知の通りです。

**教育の怖いところは、いくらでも言い訳ができる点にあります**。

体験中心の学習を主張していた論者は、「体験によって、『学び方』や『学んだ内容を生活に生かす力』といった別の資質・能力が養われたのだから、よいではないか」と主張し始めました。

まったく同じ構造で、「プログラミング言語を学ばせよう」とした教師は、GUIが登場したとき、「学んだ内容は役に立たなかったけど、プログラミング言語を学ぶことで思考力がついたのだからよいではないか」と主張し始めました。後づけの言い訳でごまかしているわけです。

私たち教師は、流行の授業ばかり行うことのリスクを考えておかないといけません。教育の流行は必ずあります。流行に沿って授業をするのはかまいません。

ただし、**その流行の内容や授業方法に、デメリットはないのか、陳腐化する危険はないのかと、頭の片隅で考えておかないといけない**のです。

学校教育は、子どもに多様な資質・能力を育成するために行っています。多様な資質・能力を育成するのであれば、授業内容や方法のバランスを取る必要があります。時間配分のバランスも取る必要があります。

流行が起きたとき、それに関する資質・能力ばかりを育てようとするから、バランスが取れないわけです。

「これからは協働（コラボレーション）の力が大切だ」と言われたからといって、いつも協同学習ばかり行っているのは極端です。協同学習が悪いわけではありません。協同学習ばかりをしようとする教師（または学校）の姿勢が危ういのです。

「いろいろな能力を育てましょう。いろいろなやり方で」

これぐらいに構えていたらよいのです。

これは、いわゆる、**「リスクヘッジ」**という考え方です。

**偏った知識と技能だけが身につくと、将来その知識と技能が役立たなくなるリスクが増大します**。そのため、様々な知識と技能を身につけられるよう、教育のバランスを取るべきなのです。


とはいえ、「○○教育」の流行が起きたとき、文部科学省関係者や、教育委員会、校長などの管理職から「重点的に行うように」と強く言われることもあるでしょう。

若い教師としては、学校ぐるみで行っていたら、それに従わざるを得ません。

その場合、意識したいのが、第1章でも触れた**「動的平衡」**という考え方です。

動的平衡とは、物理学・化学の概念です。細かく見ると常に変化しているけれど、互いに逆向きの動きもあるので、大きな視点で見ると平衡に達している状態を指します。生命も同様の働きがあります。

教育の営みも同じ考え方で実施できます。

様々な内容を様々な授業方法で教えることで、大きな視点で見たときに、全体的にバランスが取れていればよいのです。そうすれば、様々な資質・能力を育成できることになります。

つまり、**流行に沿った授業を取り入れつつも、それ以外の授業もバランスよく行う**のです。様々な方向性の授業を行うことで動的平衡になるからこそ、時代が変わっても通用する資質・能力の育成が可能になるのです。

# 16

# 深い理解を促すカギは、「認識の飛躍」

**授業はスムーズに流れていくけれど…**

若いI先生は、授業の前日までに指導案をつくるようにしていました。適切だと思われる複数の発問を考え、授業の展開をノートに記載していました。他にも、活動内容や指示、説明、考えさせる時間、予想される子どもの反応なども記載しました。細かな工夫も考え、ノートに記載しました。「何を教えて、何を考えさせるのか」「何をテーマに話し合わせるか」「どこでチームで協力させるか」などです。

こうして授業の事前準備をしていたこともあり、子どもたちの学力を高める授業が、ある程度はできるようになったと思っていました。

しかし一方で、授業がスムーズに流れ過ぎていると感じることがありました。授業が盛り上がる場面がないことが気になっていたのです。子どもの様子を見ていると、「この問題を考えたい」「みんなと解決したい」といった真剣な姿が見られなかったのです。

経験を重ねるにつれ、指導案通りに進行することはできるようになりました。

授業のリズム・テンポもよくなったと感じていました。発問した後で、ノートに考えを書くよう指示し、発表させたり、話し合わせたりしながら、子どもを退屈させることなく、スムーズに進行できるようになったのです。

ただ、**あまりにスムーズに進行するので、立ち止まって考える場面、考え直す場面、意見の食い違いを議論する場面はありませんでした。**

子どもから、疑問やわからないこと、調べたいことが出されることも少ない状態でした。

例えば、「あれっ、変だな。ここはどうなるの？」といった質問が出たり、「先生、次はこれを調べてみたい」「先生、みんなの結論がバラバラだから、もう少し話し合いたい」といった声が上がったりすることがないのです。

I先生は、理解が深まる場面、これまで気づかなかったことに気づける場面、話し合いをしているうちに考えが広がる場面などをつくりたいと思うようになりました。

何かが自分の授業に足りないことはわかっていました。しかし、具体的に何をどう工夫・改善すればよいのかがわからないのです。

## ❯ 子どもの現在の理解を確認し、「認識の飛躍」の場面をつくる

授業のゴールは、育成すべき資質・能力の数だけあります。

そのゴールの中でも、特に重要なものの1つに、「深い理解」に到達させるというゴールがあります。

深い理解をねらいとした授業のポイントは、**「認識の飛躍」**をもたらすことにあります。

認識の飛躍とは、学習者の現在の理解や知識の構造が、より高い次元に変化することを意味します。「よくわかった」「今まで見えなかったものが見えてきた」「考え方が変わった」といった実感・感動があれば、認識の飛躍が訪れたと言えます。

認識の飛躍をもたらすには、「子どもの現在の理解」をつかむ必要があります。

子どもが何に気づき、何を理解しているのか、それをつかむのです。

子どもの理解や知識は、白紙ではありません。何らかの理解をしており、知識の構造をもっています。

そして、自分の理解や知識の構造に当てはまるものを、認知し、把握できます。

つまり、**自分が知っているものや、自分が重要だと思っているものを認知している**のです。

時には、学習や生活で得た知識に勘違いがあったり、誤概念を伴った素朴概念を引きずっていたりするかもしれません。また、子どもによって理解度が違っていたり、各自が異なる理解をしていたりするかもしれません。

そこで、子どもの現在の理解を確認する必要があります。

例えば、小学2年の算数で、三角形と四角形の違いを学びます。

まず定義の確認をします。「三角形とは3本の直線で囲まれた図形」「四角形とは4本の直線で囲まれた図形」です。

教師からすると、単純と思えるような知識でも、子どもたちは様々な理解をしているものです。だからこそ、子どもたちがどういう理解をしているのかを確認する必要があるのです。

そこで、「自由に三角形や四角形をかいてごらんなさい」と指示します。

子どもたちは、様々な図形をかきます。

教師は、子どもが考えた図形を見ながら、現在の子どもの理解を探ります。そして、子どもが迷いそうな図形を紹介します（子どもがかいた図形を紹介してもよいですし、教師が図形を考えて紹介してもかまいません）。

上に示した図形で子どもたちは悩みました。「これは三角形？　四角形？」「三角形でも四角形でもないとしたら、何という図形なの？」と悩んでいるのです。中には五角形もあります。直線で囲まれていないものもあります。

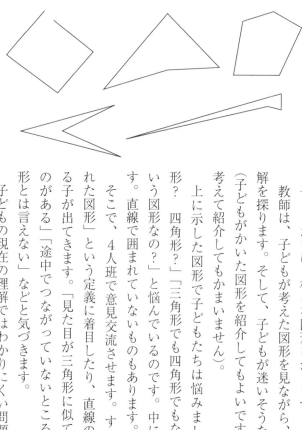

そこで、４人班で意見交流させます。すると、「直線で囲まれた図形」という定義に着目したり、直線の数に着目したりする子が出てきます。「見た目が三角形に似ていても四角形のものがある」「途中でつながっていないところがあったら、四角形とは言えない」などと気づきます。

子どもの現在の理解ではわかりにくい問題を出し、再度考え直すように展開したからこそ、子どもの理解や知識の枠組みが新しく更新され、「よくわかった」「そういうことか」と、認識の飛躍が起きました。そして、深い理解につながったのです。

つまり、**認識の飛躍を起こすためには、子どもが「気づけていない」「わかったつもりになっている」「考えが食い違っている」といった内容を教師が探すようにすればよい**のです。

そして、子どもの現在の理解ではわかりにくい問題を提示します。その問題を考えているうちに、子どもたちは「ああ、そういうことか」と改めて理解できるのです。

このように、意図的に認識の飛躍が起きるよう授業を展開すればよいのです。

# 17

# 初学者が集まっても理解は深まらない

## 子どもだけでも深い理解に自然と到達できるのか

「優れた教材を用意し、グループで協働的に学ばせたら、子どもだけでも深い理解に自然と到達できる」と、若いK先生は研修会で教えられることがありました。そのころ、協同学習が流行しており、そのような主張を多く聞かされたのです。

教材が大切なのは、K先生も実感として理解できました。K先生自身も、理科や社会科の授業で、様々な実物を用意したり、実験を工夫したりしていたからです。

教材の工夫で、子どもの理解は進みました。例えば、内臓を分離できる人体模型や、消化器全体の大きさがわかる模型を用意して自由に触らせるのです。土器や金印、古墳のレプリカ・模型を活用することもありました。

また、理科や社会科では、解説映像も活用しました。例えば、消化の仕組みや地震の仕組みを解説する映像です。他にも、シミュレーションソフトやCG、バーチャル実験ソフト、バーチャル見学ができるソフトを活用することもありました。

極めつけは、力のある教師や研究者による解説映像を活用することでした。専門家が解説する映像なので、若いK先生よりも何倍も上手な解説になっているのでした。

K先生が引っかかっていたのは、「グループで協働的に学ばせたら、子どもだけでも深い理解に自然と到達できる」という点です。現実はそうではなかったからです。

教材を工夫して理解させた後、調べ学習や話し合い、討論など、協働的に問題を解決するよう促します。専門家による解説映像まであるので、深い理解に到達できると最初は思っていたのです。ところが、単元の最後に、本当に深く理解できたか確かめると、子どもが深い理解に到達できていないことがわかってきたのです。

例えば、映像で「小腸の表面を伸ばして広げると２００㎡になる」と説明されても、子どもたちはピンときていないのです。

他にも、社会科で幕末日本の解説映像を見せても、やはりピンときていません。というのも、解説映像には、用語が次々と出てきます。「植民地」「アヘン戦争」といった用語です。用語の意味する内容がよくわからないまま解説は進みます。

幕末当時のイギリスは、自国の通貨を世界通貨にしようとしていました。多くの「金《きん》」

を手に入れたイギリスは、自国通貨を世界中に流通させていたからです。このように解説があっても、「世界通貨」という用語や、「世界通貨にできたら何がよいのか」といったことが、ピンときていないのです。

また、映像などの資料では、一部の内容を切り取って解説しているため、世界の国々の背景がわかりません。当時は、ロシアも日本と同じく近代化に必死だったこと、アメリカの南北戦争の状勢、植民地として支配された国の様子といったことが、いちいちわからないのです。しかし、映像はどんどん先に進みます。こうして、浅い理解のまま映像は終わります。わからないところを子どもに確認すると、次々と出てきます。中には「わからないことがわからない」と訴える子もいます。

そこで、わからないことを調べるよう子どもに指示すると、調べるほどにわからない用語が出てきます。調べても、表面的な浅い理解のままなのです。

調べた内容の情報共有をさせます。続いて「幕末にどんな改革を行う必要があったか」「自分だったら、攘夷派か開国派か、それ以外か」などのテーマで討論させます。

しかし、表面的な理解の子が話し合っても、表面的な理解のまま終わってしまうのです。

つまり、**「初学者が集まっても理解が深まらない」という現実があった**のです。

## 》深い理解に誘うよう意図的・計画的に展開する

実物を用意しても、そのものの性質を理解できるとは限りません。バーチャルで見学をさせても、解説映像を見せても、重要なものに気づいているとは限りません。

なぜなら、自分がこれまで得た知識と経験を基にした「認知構造」（構造化された知識の枠組み）を通して情報を認識しているからです。つまり、各自のもつ知識・経験に限定された理解しかできないのです。

私たちは、**自分が知っている物事しか認知することはできません**。

そして私たちは、**自分が重要だと思っている物事しか認知することができない**のです。

毎日見ているコンセントでも、「コンセントの穴の大きさは、左右同じですか？」と問われないと、左右の大きさが違うことにはいつまで経っても気づけないのです。

さて、冒頭の例のように、幕末日本の状況と明治維新を教えるとします。

ここで教師が知っておきたいのは、「理解には深さがある」ということです。

幕末日本に関する学びも、獲得された知識によって、理解の深さは変わります。例えば、西郷隆盛などの人物に焦点を当てて調べると、「先人は従来の日本の仕組みを変え、日本をよりよくしようとした」という理解はできます。

当時の日本の状況まで調べると、「富国強兵によって西洋列強に負けないよう維新を為し遂げたのだ」と、少し深い理解になります。

さらに、世界の状況まで広げて調べると、「世界の植民地争い、覇権争い、帝国主義によって、世界の波に巻き込まれながら、日本という国を1つの近代国家にするための維新だった」ことがわかってきます。さらに深い理解になります。

このように、理解には深さがあります。

より深い理解に到達させるには、教材の工夫だけでは困難です。もちろん、子ども任せでも困難です。たとえ子ども同士で協働的に学ばせても、理解の浅い子が集まるだけでは、理解は深まりません。

やはり教師の意図的・計画的な指導が必要になります。幕末日本をより深く理解させるなら、例えば次のような知識を教えるようにします。

・イギリスは海洋国家で、7つの海を支配したと言われ、帝国主義を推し進め、多くの地

域を植民地化していたこと

・アメリカと通商条約を結び、南北戦争後の武器が大量に日本に送られていたこと
・幕末、長崎の対馬をロシアがねらっており、イギリスが軍隊でロシアを防いでいたこと
・ドイツ（当時はプロイセン）が北海道を植民地化することを計画していたこと
・戊辰戦争の最初、イギリスが新政府側を支援し、フランスが旧幕府側を支援したこと

このような知識を教えられると、ずいぶん理解は深くなります。例えば、「幕末日本の戊辰戦争は、旧幕府側と新政府側との内戦ではなく、世界の覇権争いが本質であったこと」がわかってくるのです。これはかなり深い理解です。

解説映像を見せるにしても、その前に、映像を理解させるための予備知識を教えるべきです。なぜなら、私たちは知っている物事しか認知できないからです。資料を見せるなら、事前に問題意識をもたせておくべきです。なぜなら、私たちは自分が重要だと思っている物事しか認知できないからです。**学習後に「開国派がよいか、攘夷派がよいか」で討論させるなら、調べ学習の前に討論のテーマを先に示しておけばよい**のです。

このように、深い理解に到達させるには、発問や指示、活動、討論などを意図的・計画的に行う必要があるのです。

# 18

# 対話、討論を深めるカギは、教師による論点整理

**意見の食い違いが解消せず、話し合いが深まらない**

若いU先生の学級では、子ども同士で対話させても理解が深まらないことがよくありました。例えば、「相手の主張がわからない」「相手がどういう理由でこの主張をしているのかわからない」「相手の話す内容がわからない」などと子どもが訴えるのです。

また、全体の場で個別に発表させても同様でした。聞き手が「発表内容がわからない」と訴えるのです。たとえ多くの子に発表させても、理解が深まっていないのです。

このように、子ども同士で対話させただけでは理解が深まらないことが多々ありました。そのことにU先生は、若いながらも気づきつつありました。

例えば、小学4年理科の「電流の働き」の学習でのことです。

「電流の向きを変えると、モーターが反対回りになる」実験でのことでした。教科書通りの内容を、教科書通りの実験で確かめる場面です。U先生は当然、全員に知識を習得さ

せられると思っていました。ところが、実験後に対話させると、次の意見が出たのです。

「乾電池を反対にしたら、モーターは反対になる。それは正しい。だけど、電流を水のように見ると、水車のようにいつも同じ方向に回っているように見える。だから、反対回りというよりは、電流の向きに沿ってモーターが回っていると言った方がよい」

これを聞いた他の子は、最初ポカンとして、「？」の表情を浮かべていました。教室はシーンとなりました。主張の意味が理解できない子が多かったのです。

しばらくして、反対意見が出されました。

「どういうこと？　乾電池を反対にしたら、モーターの回転も反対になったよ！」

「乾電池を反対にしたら、モーターの回転も反対になるから、電気が反対に流れると、モーターも反対に回転するということでしょ？」

最初に発表した子は、「だから、電流の向きにモーターも回転するということであって、水車のように電流の向きに沿ってプロペラが回っていることには変わりない。反対回りになるというようなものではない」と変わらず主張し続けました。

結局、意見の食い違いはなかなか解消せず、話し合いは深まりませんでした。**各自が独自の理解・解釈をしているので、話し合っても相手の考えを理解できなかった**のです。

## 論点整理で意見交流しやすくする

前項でも述べたように、理解には「深さ」、つまり段階があります。子ども同士で理解の深さが違うと、対話が成立しないことがあります。話が噛み合わないのです。

そこで、話し合いを充実させるには、指導の工夫が必要になります。特に大切なのは、**論点を明らかにすること**です。論点を明らかにするために、各自の理解の違いに気づかせなくてはなりません。

例えば、一番理解できている子の意見を取り上げ、「この考え方をどう思うか?」と尋ねます。あるいは、意見の食い違いに焦点化し、どちらの意見が正しいのかを話し合わせます。

このように、各自の理解の違いに気づかせ、同じことを言っているのか、それとも違うことを言っているのかを話し合わせるわけです。

さて、授業前に教師は、ゴールとしてどのレベルの理解をねらうかを想定しているはずです。

冒頭の例は、小学4年理科の「電流の働き」で、「電流の方向によってモーターの回転が決まる」ことを教える場面でした。

実験後に、考察をさせるはずです。

「この実験でわかったことを書きましょう」と指示します。理解の段階が違っていると、「わかったこと」も異なってきます。そのため、考察を発表させると、意見が食い違うことがよくあります。

最初に発表した子は、「電流を+極から−極へ流れる水のように見立てると、水車のようにモーターは回る」と言っています。つまり、「電流の向きに、モーターが回転しているだけであり、『反対回りになる』ことは気にしなくてよい」と言っているのです。これは、ある種正しい意見です。モーターの詳しい仕組みで言えば、「コイルが動く方向は、電流の向きで決まる」と言っているのです。

つまり、理解の仕方、理解の段階が違っているので、意見が食い違っているのです。意見の食い違いが生まれると、子どもたちは話し合いを自然と始めます。

ただし、子ども任せにしていると、例のように、意見交流が滞ってしまうことがあります。理解の段階が違うと、話し合っても、「相手の意見がよくわからない」で終わってしまうことが多々あります。

そこで、論点を明確にする必要があります。

最初に発表した子だけでなく、他の子どもにも発表させ、複数の考察を出したうえで、考察の違いを明確にし、そして「どの考察がよりよいか」と話し合わせる、といった具合です。

または、最初の考察の意味を、子どもにもう少し詳しく解説させます。実演や図解などをしてもらって、どういう考察なのかを他の子に理解させるのです。そして、論点を明らかにした後で、「この考察は正しいか」と尋ねるのもよいでしょう。

教師は次のように理解すべきです。

「子どもによって、理解の段階は違う。理解の段階が違うと、意見が食い違う。意見の食い違いがあると、討論が生まれる。討論によって、認識の飛躍が促される。ただし、討論の際、論点を教師が明確にしてやるべきだ」

子どもによって様々な認識の違いがあるからこそ、そこに対話の必要性が生まれます。意見の食い違いが解消されなければ、討論に発展します。

**対話の前に論点を整理し、何を話し合うかを明確にすることで、意見交流しやすくするのです。**

「対話が大切だから」と、とりあえず話し合いの場面を用意するだけでは、理解を深められません。初学者は、「何が重要なのか」「何を話し合うと理解が深まるのか」は、当然ながらわかっていません。

「この点に関して話し合うと理解が深まる」とわかっているのは、専門家である教師だけです。だからこそ、重要な論点に焦点化すべきなのです。

# 19

# 授業方法を知っているだけでは、授業はデザインできない

**方法を知っていても、使い方がわからないと…**

若いI先生は、教師になる前、様々な組織・団体の代表を務めた経験がありました。あいさつ、司会など、人前に立って話す機会は数多く経験してきました。そのため、プレゼンには自信がありました。

教師になってみると、運動会や文化祭などの行事は何とか指導できると感じました。ある程度上手に指示や説明ができたので、集団を導けたからです。

ところが、授業だけは、プレゼンが上手であっても、うまくいきませんでした。

**「どんな状況で、どんな授業方法を使えばよいのか」という「定石」を学ばなかったので、授業をデザインできなかった**のです。

さて、I先生のまわりには、若くして授業の上手な教師がいました。反対に、ベテランになっても授業がうまくいっていない教師もいました。授業のうまい人は、例外なく授業

方法を真摯に学んでいました。そして、「どんな状況で、どんな授業方法を使えばよいのか」という定石をも学んでいたのです。

1　授業方法

2　授業方法をいつ、なぜ、どのように使えばよいのか（定石）

この2つを区別しなくてはならないことに、教師になってようやく気づいたのです。

I先生は、様々な教師に出会い、気づいたことがありました。それは、授業方法や定石を学ばない教師ほど、無理やり授業を成立させようとしていることです。

例えば、授業に集中していない子を叱る教師がいました。また、班単位で連帯責任を取らせる教師もいました。

他にも、教師のキャラクターで集中させようと奇抜な格好をする教師、お笑いや遊び、ゲームを取り入れて集中させようとする教師もいました。

一番ダメだと思ったのは、専門家が解説している映像を見せて終わる教師がいたことです。映像を見せている間、教師は事務作業をしているのです。それを悪びれる様子もなく、「自分の授業より、専門家の授業映像の方が上手なのだからいいではないか」と言っていたのです。

## ≫ 授業方法をいつ、なぜ、どのように使えばよいのかを意識する

授業の「定石」を熟知すると、人の授業を見てその場で代案が出せるようになります。

小学2年の算数で、「○が何個ありますか。計算で求めましょう」という問題が教科書に出てきます。思考力、判断力、表現力等を伸ばすための学習です。どういったかけ算でも解けるので、子どもたちはすぐに答えを導けます。

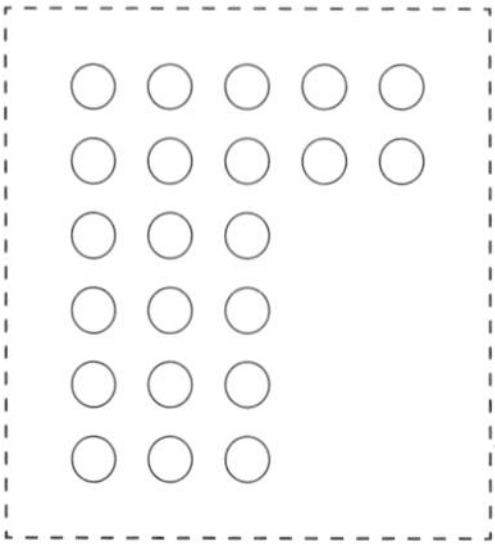

さて、ある教師は、問題を読ませた後で「計算で解きましょう」と指示しました。子どもたちは○の数を、かけ算を使って求め始めました。○の数は多くないので、すぐに答えが出ました。答えを発表させ、「よくできましたね」と教師がほめて終わりました。一斉授業で、しかもゆっくり進んだため、できる子はとても退屈そうにしていました。

確かに、この方法でも基礎・基本の習得という意味では授業は成立しています。九九を学習済みなので子どもたちは問題を解けますし、解けたという達成感はあるはずです。

しかし、**この学習の目的は、思考力、判断力、表現力等を伸ばすことでした**。そのためには、様々な計算方法を出した方がよかったのです。

例えば、次のようにすべきでした。

「○は何個ありますか。お隣同士で確認してごらんなさい」「数えたらわかりますね。22個です。しかし、今日は22個の答えを出すことが目的ではありません。できるだけいろいろな式で答えを出してほしいのです。式をたくさん書いてほしいのです」

これで、子どもたちの意識は、「式を多く考えること」に集中します。子どもの意識を、授業内容の大切な部分に集めたわけです。

まずは1人で考えさせます。九九は習得済みですし、答えもわかりますから、1人でも考えられます。続いて、考えた式を4人班で出し合います。

「班で協力して、できるだけいろいろな式を考えてごらんなさい」

こうして班で相談しながらできるだけ多くの式を考えようと子どもたちは熱中します。

そして、班での話し合いの結果を、発表させます。

「5×2＋3×4」「3×6＋2×2」といった式はすぐに思いつきます。

発表の後、「まだありますよ」と教師が言います。すると、無理やりですが、かける数とかけられる数を反対にする子が出てきます。たし算だけで立式する子も出てきます。

「まだありますよ」と教師が言うと、「もうないよ！」と子どもたちは口々に言います。そこで、「ひき算を使います」とヒントを出します。ここで気づく子が増えてきます。全体を出して、空白の場所からひく「6×5－4×2」の式が出されます。

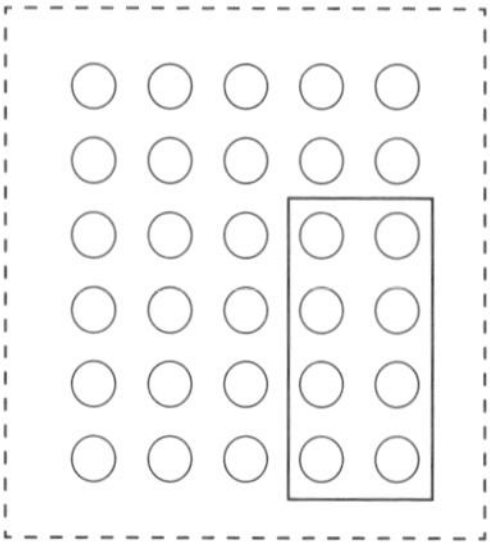

「いろいろな式が考えられましたね。速く・正確に出せそうなのは、どの式ですか。班で相談しましょう」と指示します。子どもたちは、「形によって異なる」などと言います。「では、類題をどんな式でもよいので解いていきましょう」と指示します。こうすれば、様々な解法が出されたうえで、類題に対してどの解法が一番よいのか吟味できます。こうして、思考力が鍛えられるというわけです。最後に、「さらに類題を解くコース」「難問を解くコース」のように、自分がやりたい学びを選択させるようにします。

**一斉学習→グループ学習→学びを選択できる個別学習と進めることで、どの子もよく学べました**。教科書や指導案、他の人の授業を見て、このような代案が浮かぶようになれば、授業方法の理解だけでなく、定石も理解できてきたことを意味します。

第4章

# 本当は大切だけど、誰も教えてくれない［授業づくりの順序］7のこと

## 20

# 4月の最優先事項は、「わかる・できる」の成功体験の繰り返し

### 授業を脱走する原因は何か

引き継ぎのとき、若いY先生は、授業に参加しない子がいることを聞かされました。その子は、休み時間が終わっても教室に戻ってきません。授業が嫌で、運動場で遊び続けているのです。教室に戻っても、学習に参加せず、手遊びや私語をします。学習を放棄し、教室を抜け出すこともあります。抜け出した後は、体育館などに隠れます。体調不良を訴えて保健室に行くこともあります。保健室では、元気に遊んでいます。

教師がそのことを注意すると、反抗し、余計に授業に参加しなくなります。

ただし、小学校に入学した直後は、そうでもなかったということでした。

小学校の入学当初は、授業に積極的に参加し、発表をがんばっていたというのです。ところが、徐々に授業と関係ない遊びを始めたり、教室を抜け出したりするようになったのでした。1年生の2学期には、担任の応援に駆けつけた管理職が、机に座るよう何度も注

意する監視状態になっていたというのです。

Y先生が受けもったとき、その子は高学年になっていました。Y先生は引き継ぎの中で、いくつかのワードが気になりました。それは、「隠れる」「反抗する」の２つです。これらは、不適切な行動の常態化、深刻化を意味しているからです。二次障害を起こしている可能性もありました。

さて、４月になり、その子の様子を見ていると、引き継ぎ通りの行動をしています。そこで、Y先生は子どもに直接話を聞くことにしました。次のように尋ねてみたのです。

「授業は楽しく受けられているかな？」「授業で不安なことはないかな？」

すると答えが返ってきました。「授業がよくわからない。できないまま終わる」「授業を受けるといつも自信がなくなる」「先生がいつも自分ばかりを叱るのが嫌」

要約すると、**「できない・わからない」「自信がなくなる」の２点を主張した**のです。

この年、Y先生は他にも授業に参加できない子を複数担任していました。その子たちにも話を聞きました。驚くことに、他の子も異口同音に授業改善を訴えたのです。

Y先生は、まずは、「できる・わかる」授業で自信を回復させないといけないと気づかされたのでした。

## 成長が可視化しやすい学習で自己評価を高める

授業は最低限、「できる・わかる」を保障しないといけません。授業を受けて、「できる・わかる」ようになり、力が伸びたという実感があるからこそ、「授業に参加してよかった」と思えるからです。そして「次も学習をがんばろう」と思えるようになります。

毎時間授業を脱走していた子も、「本当は自分はもっとできるんだ」というプライドをもっていました。しかし、一日中「できない・わからない」と感じていると、自信を失ってしまいます。だから、**自己防衛として、教室を脱走し、プライドを守っていた**のです。

この状況を改善するには、「できる・わかる」授業を実現しなくてはなりません。そして、「毎時間叱られる」状態ではなく、「毎時間がんばりを認められる」状態にしなくてはいけません。そうすることで、子どもの自己評価を高めるのです。

特に、**新しい学年が始まる4月は、「できる・わかる」授業で、成功体験を繰り返し味わわせる必要があります**。そして、「今年こそはできそうだ」と思わせるのです。

冒頭の例でも、4月の1週間で繰り返し成功体験を味わわせました。できたこと、努力したこと、がんばった過程を認め、ほめ、称賛していったのです。

　すると、去年まで授業に参加していなかった子どもたちが、「今年は授業がよくわかる」「今年こそがんばれそうだ」と言うようになりました。結局その１年間、授業を脱走する子は１人もいませんでした。去年まで何人も脱走していたにもかかわらずです。

　私が成功体験として用意したのは、走高跳びなどの、**成長が可視化しやすい学習**です。少し練習すると数値が伸びていくので、自分の成長を実感させられます。

　最初は「こんな記録は無理だ」と思っていたのに、次々と記録が伸びていきます。だからこそ、「やればできる」と思え、自己評価が高まるのです。

　１時間の授業の様子を紹介します。

　まずはゴム跳びから始めました。高さ50㎝です。高学年なので、全員が簡単に跳べます。私は子どもの跳ぶ様子を見ながら、フォームをチェックしました。そして、気をつけることを１つずつ示し、練習させていきました。
１　助走を合わせ、かかとから踏み切る（バーを手で握れる位置で跳ぶとよい）。
２　振り上げ足を、つま先を上にして、手につくぐらい上げる。腕も一緒に振り上げる。
３　足を抜くために、ひざが胸に当たるぐらい上げ、バーの方を見るように腰を捻る。

1時間の授業なので、個別評定ではなく、前向きな声かけにとどめました。できている子は力強くほめ、できない子にも、どこがよくなってきたのか、がんばりを認めていったのです。とにかく認め、称賛することを繰り返しました。

こうして、練習後に記録を測りました。ゴム跳びは怖くありません。思い切って跳べます。「苦手」「自信がない」「怖い」と言っていた子が軒並み記録を伸ばしました。

発達障害をもち、体育が苦手と言っていた子が、みんなの前で、１００cmを超えて跳びました。最後に、「１１０cmを超えられそうだ」と言い出したので、全員の前で挑戦してもらいました。惜しくも失敗しましたが、身体だけは超えていました。そこで私がすかさず「身体は完全に超えていた。すばらしい助走、すばらしいフォームで跳べていました。最高だったよ！」とほめました。

それを聞いた子どもたちが自然と一斉に拍手を送りました。この拍手がすごく大きな拍手だったのです。学習後その子は言いました。「今年は勉強をがんばれると思う」と。

この授業で、昨年度まで自信を失っていた子を重点的に教えたので、記録を伸ばすことができました。そして授業に対して前向きな気持ちを生み出すきっかけにできました。それは、ゴム跳びのたった50cmから始まったのです。

さて、他の授業でも成功体験を味わわせているると、発達障害を重複してもっており、授業を脱走し続けていた子も、「今年はがんばる」と小さな声で私に言いに来ました。

そして4月に、理科でノート6ページ、嫌いだった社会科でノート4ページを1時間で書きました。「入学して以来、はじめての快挙だ」とは本人の言です。

5月には、算数の難問を自力で解くと宣言し、15分ほどかかりましたが、自力で解くことができました。私が驚いたのは、15分も1人で考え続けたことです。それまでは1、2分考えてわからなければあきらめて、私語や手遊びに興じていたからです。

自己評価を高めた後で、今年の目標を考えさせました。すると、どの子も高い目標を描きました。こうなると、教師があれこれ言わなくても、子どもは自分から学ぶようになります。漢字や計算など、基礎的な内容であっても、できるようになると自信が高まり、自己評価が高まります。すると、**「自分は勉強が得意だ」という自分自身へのイメージに慣れ親しむようになります**。こうなると、漢字や計算以外の内容でも、「できて当たり前だ」と思えるようになります。その結果、自然と努力を続けられるのです。「できない自分」はおかしいと思えるからです。すべては「できる・わかる」授業で、成功体験を味わわせ、子どもの自己評価を高めることが出発点になっているのです。

# 21

# 学習の基盤となる「基礎・基本」なしに話し合いや討論は困難

## 年度はじめから発展的な課題に取り組めるのか

「これからの時代、発展的な課題を、主体的・協働的に解決する学習が大切だ」

教師になって数年の若いW先生は、管理職からよくこのように言われました。他にも、研修会で、教育委員会の指導主事や講師の大学教員などから言われることがありました。

そんなこともあり、W先生は、子ども主体で探究させたり、チームで協働的に発展課題を解決させたりする学習を積極的に取り入れるようにしていました。

ある年、小学6年生を受けもつことになりました。この年も、「発展的な課題を、主体的・協働的に解決する学習を、4月から始めるように」と管理職から言われました。

高い要求でしたが、言われたW先生は、楽観的でした。なぜなら、学校ぐるみでこの授業方法を取り入れていたからです。W先生は次のように考えたのでした。

「6年生の子どもたちは、協働的に解決する学習に慣れているはずだし、経験値もあることだから、子ども任せでも大丈夫だろう」。つまり、学習経験の蓄積が子どもたちにあるので、４月から高度な学習を取り入れても、苦労はしないだろうと予想したのです。

ところが、Ｗ先生の予想に反して、４月から授業がうまくいかないのです。

例えば、「自分で問題を見つけ、解決方法を考えましょう」と呼びかけても、子どもだけではできません。また、発展的な課題を与え、４人程度のチームで協働的に解決を促しても、うまく学習を進めることができません。話し合いすらうまくいかないのです。

Ｗ先生の学級は、落ち着いたクラスではなく、授業に集中しない子や私語に興じる子がいました。教師の指示通りにやらない子や、公然と友だちを馬鹿にする子もいました。

この年、Ｗ先生は校内研修の代表授業者になりました。主体的な探究や、協働的な解決を取り入れた授業を公開することになったのです。公開授業のため様々な準備をしました。子どもたちに繰り返し「主体的に探究する学習」や、「チームで発展課題を協働的に解決する学習」の進め方を教えました。毎日、うまくいかないことも多くありました。**一部の子が調べ学習を適当にしたり、問題解決を途中であきらめたりするのです。チームで解決させようとしても、途中でけんかになったり、言い争いになったりすることもありました。**

そして本番当日、結局、授業はうまくいかなかったのです。

## 授業づくりの順序性を意識する

「できる・わかる」授業は、最低限実現すべきものです。

特に、基礎・基本となる知識・技能は、全員に習得させなければいけません。

例えば、大切な言葉の意味が理解できること、四則計算や漢字の読み書きができること、文章をスラスラと読めること、などです。他にも、文章を抵抗なく書けること、プレゼンテーションができること、グラフや写真が読み取れること、調べ学習ができること、話し合いができること、などもあります。こういった基礎・基本の知識・技能は、どんな学習でも必要となるはずです。また、「学び方」の知識・技能も含まれます。

最近では、人間関係形成能力、課題対応能力などの「社会的・職業的自立に必要な能力や態度」が「基礎的・汎用的能力」として重視されています。「汎用的能力」の中に、思考力やメタ認知の力などを含める場合もあります。

本書でも、このような学習の基盤となる能力（態度も含む）を「基礎・基本」と呼ぶことにします。

さて、「調べ学習ができること」とひと言で表現しましたが、その中に含まれる内容は多岐にわたります。ＩＣＴを使えること、リテラシーをもって出典を調べること、多様な意見を調べること、事実と著者の考えを区別すること、などです。基礎・基本とはいえ、教師の指導がなければ、全員の習得は困難です。このような、学習の基盤となる能力が養われてこそ、高度な学習ができるようになります。

他にも例をあげます。例えば、子どもだけの討論は、高度な学習です。討論では、意見が次々と出てきます。反論も自由になされます。意見の整理をしなくてはいけませんし、相手の主張・結論は何か、論拠（ワラント＝warrant）は何か、根拠となっているデータ（事実）は何か、などを探らないといけません。つまり、主張・結論、論拠、データという議論の構造が理解できていないと、討論は深まりません。

例えば、討論や話し合いを中心に授業を行ううえで、論拠（ワラント）について教えているでしょうか（ワラントは、スティーヴン・トゥールミン著『議論の技法　トゥールミンモデルの原点』で詳しく解説されています）。ワラントとは何か、話し合いのときに相手の主張に耳を傾けるとは、何に注目して話を聞くことなのか。私は、このような内容を教える授業を小学生に行ってきました。それは、**学習の基盤となる能力として、議論に関**

**する「基礎・基本」を育てないと、そもそも話し合いや討論はできないから**です。

子ども主体の討論や、子ども主体の探究は、高度な学習です。高度な学習を実施するなら、その学習に必要な「基礎・基本」が学習者に育っているかを考える必要があります。プレゼンのやり方、文章の読み取り方、メモの取り方、相手の主張の聞き取り方、反論の仕方、意見の整理の仕方など、「基礎・基本」を育てる授業を行っていたかが問題になるのです。

なお、学級づくり（特に集団づくり）も、授業に影響を与えます。「心理的安全性」の低い集団では、討論は成立しません。子ども主体の討論は、「意見を言っても相手から攻撃されない」「反論しても相手が耳を傾けてくれる」「自由に意見を言うことが推奨されている」「学力などで差別されない」といった安心感の中でしか成立しないからです。つまり、**学級づくりがうまくいっていないと、高度な学習はできない**のです。

教師が話し合いなさいと指示しても、表面だけの話し合いで終わることもあります。学力が高いと思われている子や目立つ子、権力の強い子が意見を主張し、まわりが追従して終わりです。もしくは意見がバラバラでも、何が違うのか、どの意見が妥当なのか、新しい考えはないか、問題点はないか、などが検討されません。よって、生産性のある話し合いにはならないのです。話し合いを録音すると、学級の実態がよくわかります。学級づくりがうまくいっていないと、意見を言わない子が多数いることもあります。

　このように、学級づくりと授業づくりは連動しています。私はそれを上のような**「学級経営ピラミッド」**という概念で説明してきました。ピラミッドの土台に「できる・楽しい」授業と「安心・安全」な学級があります。この2つは、基盤として最初に満たす必要があります。

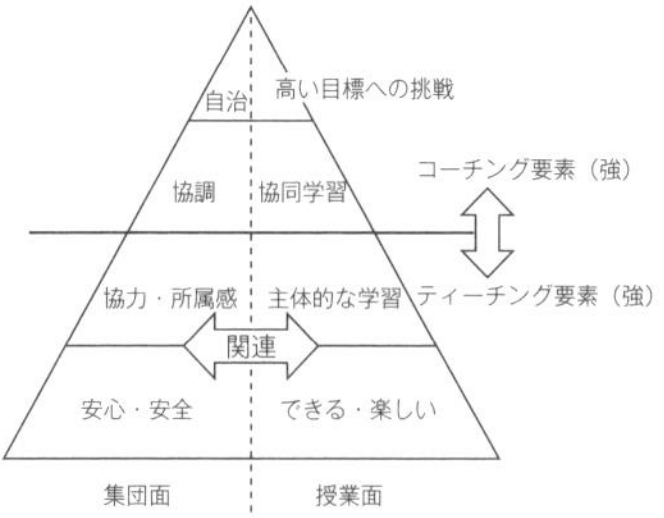


　「できる・楽しい」授業と「安心・安全」な学級が実現できているからこそ、主体的な探究や協働的な解決などの高度な授業ができるようになります。冒頭の例では、いきなりピラミッドの上側から実現しようとしたところに無理があります。「できる・楽しい」授業の段階で、「基礎・基本」を全員に養っておく必要があったのです。また、「安心・安全」の確保を行い、学級に心理的安全性を生み出さなくてはならなかったのです。

　ピラミッドの上側から積み上げようとすると、教師にも子どもにも無理が出てきます。**時間がかかっても土台から築くのが結局最短の道であり、無理が生じない**のです。

# 22

# 学級の平均点が高いのは、教師の能力が高いからではない

## 「自分なりの授業」で、子どもの力を伸ばすのは難しい

若いL先生は、自分なりのオリジナルな授業をしたいと願っていました。

自分なりの工夫を試したい思いもありましたし、なんとなく、人真似はいけないという思いがあったからです。

また、同僚のベテラン教師が、独自の学級風土をつくっていたことも、理由の一つでした。L先生も、自分なりの独自カラーを出したいと願っていたのです。

L先生は、他の人の授業を参考にせず、自分なりのアイデアで授業を考えていました。

しかし、**自分なりの授業をしても、子どもの力を伸ばすことができない**のです。

平均点は、同学年の他学級と比べて低く、保護者からクレームが入ることもありました。

例えば、学期末に行う漢字50問〜100問テスト、社会科などの用語テスト、算数のワークテストなどの平均点が低かったのです。特に、学力低位の子の得点が低く、漢字テスト

で10点、20点といった子が複数いるのです。計算テストも30点、40点しか取れません。漢字や計算という基本中の基本ですら習得させることができないのです。

技能系の授業もひどいものでした。絵をかかせても、L先生の学級だけ、指導が行き届いていないように見える作品が多く飾られてしまうのでした。

高学年の水泳の50ｍ完泳率も低く、25ｍすら泳げない子もいました。L先生が受けもった子は、6年生になっても25ｍを泳げないまま卒業していってしまうのです。

他にも、逆上がりのできない子が多くいる、跳び箱を跳べない子がいる、前転・後転・側転ができない子がいる…といった具合です。合奏や合唱もうまく全員が合いません。

L先生より若い教師が、子どもに力をつけている場面に直面することもありました。

学校では、定期的な授業公開が慣例でした。そこでは、自分より若い教師が、子どもがいきいきと活躍する授業をしていました。また、平均点も高く、意欲も高い状態を実現できていました。学習発表会では、子どもが広く深く学んでいる様子が伝わってきました。

ここに至って、L先生は、先行実践を知り、効果的な教え方を学ぶ必要を感じたのでした。

## 》先人が開発した効果的な教え方を謙虚に学ぶ

基礎・基本の習得ができたかのチェックは大切です。私も、漢字テスト（50〜100問）や算数テストで、全体の平均点・個々の結果の推移を分析するようにしていました。30〜40人の学級で、平均点はどの程度だったかというと、ある年の5年生、2学期末の漢字50問テストの平均点は98点、最低点は92点でした。

算数テストも、毎回平均点を算出していましたが、常時90点を超えていました。平均点90点を超える状態は、実現困難ではありません。市販のワークテストなら、教科書レベルの基礎・基本を丁寧に教えていたら、だれでもできることです。ただし、**学力低位の子ができるようになることが必須条件**になります。

もちろん、最初からよい点数が取れたわけではありません。4月最初に行った昨年度までの学習理解度テストでは、各教科の平均点が60〜70点程度だったのです。つまり、どちらかといえば、学力が低い子が多い学級だったのです。昨年度まで、授業への参加を拒み続けていた子も数人いました。

無論、テストでは学力全体のほんの一部しか測定できません。測定できるのは、基礎・基本が中心です。しかし、せめてテストで測れる学力ぐらいは保障してやりたいと思っていたのです。だから、平均点と個々の点数の推移を毎回チェックしていました。

なお、**平均点を高く維持できるのは、教師の能力が高いからではありません**。

すでに効果的な教え方が開発されているので、それを学べばよいだけだからです。学制以来150年間に、様々な教え方が開発されてきました。漢字などの文字の教え方は、寺子屋時代から様々な工夫が試されており、ある程度確立された教え方があります。算数の基礎・基本の習得でも、様々な教え方が開発されています。

先人が開発した効果的な教え方を謙虚に学ぶことが大切です。基礎・基本を習得させるのは、先人の肩の上に乗りさえすれば、難しいことではないのです。

L先生のように、自力で授業をつくるのも悪いことではありません。自分の特色を出し、創意工夫するのはよいことです。しかし、オリジナル性を出すのも、すでに開発されている教え方を学びながらやる必要があるのです。基礎・基本の確実な習得すら保障できていない状態ではダメだということです。

そもそも、基礎・基本の習得がないままだと、子どもは高度な学習に進めません。

例えば、水泳で考えます。補助具なしで25m程度は楽に泳げるようにならないと、フォームの改善や、スピードのある泳ぎ方などは教えられません。（拙著『どの子も必ず体育が好きになる指導の秘訣』（学事出版）に、全員を泳がせる方法を示しています）。泳げない子がいる状態で、水泳の高度なオリジナルの授業を行うのは危険でもあります。まずは最低でも泳げるようにし、フォームの改善や、協働的に学び合う授業、泳力測定会などの高度な内容は、その後で行うべきなのです。

作文も同じです。基礎・基本となる作文の書き方を教えていないのに、何らかの研究論文やレポートなどを作成する学習には移れません。もし基礎・基本を教えた覚えがないのに、研究論文やレポートを書けているなら、自分以外のだれか（塾や保護者）が、代わりに作文の基礎・基本を教えてくれただけの話です。

他にも、「全員がきれいな声で歌えるようにする」「全員が様々な絵画の技法を活用して美しい絵をかく」なども、効果的な授業方法がすでに開発されています。

実際、若い教師でも子どもの資質・能力をしっかりと伸ばせている人がいます。**先行実践を謙虚に学べば、経験年数に関係なく、基礎・基本を確実に習得させられる**のです。

# 23

# 子どもに主体性が育たない原因は、子ども自身にはない

## 楽しくない授業で主体性は育たない

「主体的な学び」を実現することが大切だとされています。

「主体的な学び」を実現するには、そもそもですが、学習者に「主体性」がなければいけません。では、もし学習者に主体性がない場合、それは学習者が悪いのでしょうか。

若いS先生は、「学習者の責任ではない」と考えるようになりました。

というのも、ベテランで力のある教師は、毎年どんなに荒れた子どもたちを受けもっても、４月からしばらくすると学習への主体性を高めることができていたからです。

授業を脱走していた子が、積極的に発表し、話し合いにも進んで参加するようになります。難しい課題にも、仲間と協働して粘り強く取り組むようになります。そのうえ、学習を振り返って次の学びにつなげる反省も行うようになるのです。

S先生は、学期末ごとの評価をベテラン教師に見せてもらいました。ベテラン教師の学

級では、「主体的に学習に取り組む態度」の評価が高いことが特徴でした。全員、「おおむね満足できる」（B評定）か「十分満足できる」（A評定）の評価がついていました。しかもA評定が多くいるのです。「努力を要する」（C評定）は、ほぼいませんでした。

相対評価ではなく絶対評価ですから、各評定の割合は決まっていません。そのため、学級の子どもたちの実態を反映していると言えます。反対にS先生の学級では、子どもに主体性が見られない場面があり、評価は芳しいものではありませんでした。

ベテラン教師は言いました。「学びに向かう力を育てられないのは、教師の責任だ。最低限、関心・意欲が高まる授業をしないといけない」と。教師が楽しい授業をしていれば子どもは自ずと学びに向かう姿勢になるし、学びに向かう力もつくと言うのです。

学びに向かう力には、「自分で目標を設定し、粘り強く取り組む力」「自分の学習を振り返って、新しい学習に生かす自己調整の力」などがあります。他にも、「仲間と協働的に問題を解決する力」なども含まれます。

このような力を育てるには、学習者の関心・意欲が高まるような楽しい授業をしなくてはいけないとベテラン教師は力説したのです。S先生は「理科嫌いの教師が、理科嫌いの子どもを生む」という話をよく聞いていたので、この話にも納得できました。

## 〻子どもの主体性を段階的に高めていく意識をもつ

「主体的に学習に取り組む態度」の意味としては様々なものがありますが、大きく分けると次の３つになります。

１　関心をもち、意欲的に進んで学ぶ
２　学習を自分事として捉え、解決するまで能動的に粘り強く学ぶ
３　自分の学習状況を把握し、最適な学習の進め方を工夫するなど、調整しながら学ぶ

１の「関心」と「意欲」は意味する内容が異なります。「関心」は学習内容に興味をもっている状態です。「意欲」は積極的に関わろうとする意志をもつことです。つまり、１は**「学習内容に興味をもち、意欲的に学習に取り組む状態」**を意味しています。

２は、「自らの意志で学ぶ」という能動的な態度を意味しています。能動性の中には、もちろん「意欲」の意味も含まれます。ただし、２の意味の中心は、**「自らが主体となり、**

**粘り強く学習に取り組む態度」**です。学習を自分事と捉え、解決するまで粘り強く取り組む状態になればよいのです。

続いて3は、**「自らの学習を調整しながら学ぶ態度」**を意味します。先の「個別最適な学び」の章で述べた通り、子ども自身で自分の学習が最適となるよう調整する態度や、自分の達成状況を評価して次の学習に生かす態度を育てたいのです。

このように、1から3は、それぞれ意味する内容が異なります。

現行の学習指導要領では、主に2と3に関して、「主体的に学習に取り組む態度」として評価するようになっています。

さて、冒頭の例でも出てきたように、**1が学習の出発点となっており、まずここを教師の授業力で子どもに保障したい**のです。1が大前提であり、1が保障できないと、続く2や3の態度は生まれてこないことを、ベテラン教師は言いたかったのです。

では、2と3の態度を育てるために、教師は何もしなくてよいのでしょうか。無論、そんなことはありません。

例えば、2のように「自らが主体となり、粘り強く学習に取り組む態度」を育てるには、

「この学習が大切なものだ」と認識できるように教師が働きかけることが必要です。学んだ内容が生活に生かせる「有用性」を教えることも効果的です。

また、3のように、「自らの学習を調整しながら学ぶ態度」を育てるのであれば、自分の学習状況をメタ認知できるように、評価規準（基準）を示しながら振り返りをさせたり、仲間の意見や評価を取り入れる場を用意したりする必要があります。

つまり、1から3のどの態度も、教師の指導（授業力）に大きく影響されるのです。

例えば、小学3年の理科で、「チョウの幼虫を育てる」という学習があります。幼虫を育てる際、子どもの個性に任せるとどうなるでしょうか。「虫が嫌い」と思っている子は、主体的には学ばないはずです。

「青虫は怖いな」「気持ち悪いな」「育てたくないな」と思うのも個性です。個性に任せていると、「主体的に学習に取り組む態度」はC評定ばかりになるかもしれません。

そこでまず、卵をもつチョウを飼育します。チョウが卵を産んだら卵を一人ひとりに配ります。中から赤ちゃんが出てきたら、命の誕生を祝います。子どもたちは口々に「かわいい！」「がんばって育てたい！」と言います。キャベツ畑で大きな青虫を捕ってくるより何倍も主体性が増します。このような演出が大切になるのです。

さてここで、もう1つ気をつけるべきことがあります。それは、評価の他の2観点、「知識・技能」「思考力・判断力・表現力等」です。この**2観点も「主体的に学習に取り組む態度」に影響を与えていることに注意が必要**なのです。

例えば、授業で「わからない・できない」と感じている子が、「主体的に学習に取り組む態度」を見せるでしょうか。また、思考力を育てるといって、難問をグループで解決するよう指示し、子ども任せにした結果、解決できないまま終わった場合も、次の同様の学習に対して「主体的に学習に取り組む態度」を見せるでしょうか。

ある年受けもった高学年で、理科だけが特に嫌いな2人がいました。前年度の学力テストでは、1人が最下位、もう1人が下から2番目でした。理科の授業になると教室を脱走することも多くありました。

私が受けもった4月、理科の授業を楽しくすることから始めました（授業の詳細は、拙著『なぜクラス中がどんどん理科に夢中になるのか』シリーズに掲載しています）。

授業が楽しくなる工夫をしてしばらくすると、2人は理科の授業を楽しみにするようになりました。「理科は楽しいから集中できる」と言うようになりました。

集中して授業を受けるようになると、基礎・基本となる「知識・技能」を確実に習得していきました。ノートも丁寧に何ページも書くようになり、テストの点数も上がったのです。以前までは、テストが配付されるとすぐに破り捨てることさえありました。

２学期になると、仲間と協力して実験するようになりました。これまでは、すぐにけんかになって実験どころではなかったのです。また、自分で問題を発見したり、解決方法を考えたりするようになりました。思考力・判断力・表現力も高まってきたのです。授業が終わっても、「『？』を見つけたから自分で確かめたい」と言って、休み時間もたった１人で実験するようになりました。これには私も驚きました。

３学期になると、さらに変化が見られました。テストが悪かったときや実験がうまくいかなかったとき、どうして間違えたのだろうと自分の学習を振り返るようになったのです。

私が理科を楽しくしようと工夫しなかったら、この２人に「主体的に学習に取り組む態度」は保障できたでしょうか。それは否だと思います。

**「主体的に学習に取り組む態度」にＣ評定がついたとき、教師は自分の力量のなさを反省しないといけない**のです。

# 24

# 真に楽しい授業を実現するカギは、子どもが素通りするところにある

**表面的な楽しさを追求しても…**

経験数年の若いK先生は、授業中子どもが退屈そうにしているのが気になっていました。休み時間には楽しく過ごしています。しかし、授業になると元気がなくなり、つまらなさそうにしているのです。休み時間のいきいきした姿がうそのように表情が暗くなります。

「いきいきと自分から進んで学んでほしい」と願っていたK先生は、なんとか授業を盛り上げようとするのですが、うまくいきません。

例えば、笑いを取ろうとしてみたり、話を脱線したりするのですが、うまくいきません。一時的に盛り上がるものの、すぐ元の退屈な様子に戻ってしまいます。また、授業にゲームの要素を入れてみたり、体験的な活動を多くしてみたりするのですが、やはりうまくいきません。**子ども受けをねらっても、根本的に授業が楽しくないことが変わらないので、関心や意欲が高まらず、学習に熱中する場面が生じない**のです。

「教師が脇役になり、子ども中心で学習を進めたらどうか」と思い、グループでの問題解決、グループでの話し合い、グループでの発表会などを取り入れてみました。しかし、「やらされ仕事」のように教師に言われるがまま活動を進めているだけで、退屈な様子は変わることがありません。また、友だちと関わることへの楽しさはあるものの、肝心の授業内容への関心や意欲は高まっていないのです。

そんなある日、授業がうまいと定評のある年配教師が、Ｋ先生の学級で授業することになりました。研修の一環として、算数や国語、音楽など、様々な教科で授業をしてくれることになったのです。

ベテラン教師が授業をすると、教室のムードは一変しました。子どもたちが学習に進んで取り組み、楽しいと喜び、いきいきとした表情でその時間を過ごしたのです。

特別な内容ではなく、教科書通りの普通の内容でした。しかし、学習に向かう集中力も、発表の数も、熱中度も、普段とまったく異なっていました。話し合いも真剣そのもので、「自分はこういう考えだ」「いやこういう考え方もある」と、激論しているのです。

授業に熱中している子どもの様子を見て、Ｋ先生は唖然としてしまいました。驚くことに、休み時間になっても学習の続きを行う子も多くいました。

## 知的な楽しさを感じさせる意識をもつ

「できる」授業の実現と同じぐらい大切なのは、「楽しい」授業の実現です。

「楽しい」というのは、**「知的に楽しい」**という意味です。**驚きや発見、感動のある授業**です。

例えば、「知的好奇心が満たされる」「実感として深く理解できる」「新しいものの見方・考え方ができるようになる」「気づかなかったことが見えてくる」といったことを実現する授業です。

**知的に楽しい授業を目指すうえで特に大切なのは、「認識の飛躍」が起きること**です。

だれもが、何らかの「知識の枠組み」をもっています。「知識の枠組み」は、知識が組織化・構造化されている枠組みなので、「認知構造（cognitive structure）」と呼ばれることもあります。私たちは、この「知識の枠組み」を通して新しい知識を理解しています。

第3章でも述べたように、「認識の飛躍」とは、学習者の現在の理解や知識の構造が、より高い次元に変化することを意味します。

当たり前の内容をなぞるだけでは、認識の飛躍を促すことはできません。「深くわかった」「発見があった」「気づけないことに気づけた」「新しい見方や考え方ができるようになった」といった実感を子どもにもたせなくてはいけません。

例えば、教科書の内容で、子どもが素通りしてしまう知識があります。それは、子どもが理解できていない知識だったり、理解しているけれど重要だとは思っていない知識だったりします。ひと言で言えば、「心理的な盲点となっている知識」です。

そこで、これまでの「知識の枠組み」では気づけなかった、重要だとは思えなかった知識に、気づかせるよう授業をデザインすればよいのです。

つまり、教師の教材研究の視点としては、次のように考えるのです。

**「重要な知識なのに子どもが素通りしてしまうところ、気づかないところはどこか」**

これが実は、教材研究の要諦です。このように教材研究をしたうえで、子どもに気づかせるような発問、知識・体験の蓄積、展開、活動などを考えたら、知的に楽しい授業をつくることができるのです。

このように、楽しい授業を実現するためには、知的な授業をつくるための方法をも知っておかないといけないのです。

# 25

# 「認識の飛躍」を促すには、意図的に子どもの視点を変える必要がある

## 授業に驚きや感動がない理由とは

若いN先生は、授業を教科書通りに進めることはできるようになっていました。
例えば、小学校高学年の国語で、俳句の学習があります。
教科書に、松尾芭蕉の俳句「古池や蛙飛びこむ水の音」が載っています。
授業のゴールとして、次の2つを目指します。

1　情景を思い描きながら味わい深く読める
2　俳句のつくり方を知り、自分で俳句をつくることができる

俳句の学習では、通常、俳句を子どもに何度か読ませ、言葉の意味や内容を確認していきます。そして、俳句の情景を描かせるようにします。

また、五七五の形式を教えたり、季語を教えたりします。俳句のつくり方を学ばせるのです。

最後に、自分なりに俳句をつくらせ、発表会をします。友だちの俳句のよいところを感想として発表させます。教師も、子どもがつくった俳句を個別に評定していきます。

これでも十分によい授業です。ある程度、情景を描きながら、朗読できるようになるからです。また、俳句のつくり方を学び、俳句をつくることができるようにもなります。

しかし、N先生は、今ひとつうまく授業ができていないと悩んでいたのです。なぜなら、子どもに驚きや感動を味わわせることができないと感じていたからです。

教科書通りに授業を進められるものの、「先生よくわかった！」とか、「そうか！　そういうことだったんだ」といった声は子どもからは聞こえてきませんでした。**授業が平坦なまま、盛り上がる場面のないまま進む**のです。いわば、感動のある授業が実現できなかったのです。

つまり、知識や技能は習得させられていると思えるのですが、「認識の飛躍」までは起こせていないように感じていたのです。

「どうしたら、認識の飛躍を促し、より深い理解にまで到達させられるのだろう」

それがN先生の悩みでした。具体的な授業の工夫の方法がわからなかったのです。

## ≫ 別の視点を与えることで、新しい認識を生み出す

授業の前に、まずは授業のゴールを描きます。例えば、例のように、俳句の情景を「理解させる」ことをゴールにした授業を行うとします。

このとき、単に「気づかせる」とか「理解させる」よりは、「深く理解させる」のように、レベルの高いゴールを目指すべきです。

すると、教師の意識としては、次のようなものになります。

「何を教えたら、深い理解につながるだろうか」

「子どもが素通りしてしまう、重要な内容に気づかせられないだろうか」

「意見が分かれる状況をつくり、子ども同士の討論によって考えを広げたり深めたりできないだろうか」

このように、教材研究の際、子どもの現在の認識が更新されたり、深まったりする手段（授業方法）を考えたらよいのです。

例えば、理科で「密度」を教えるとします。

「密度」と「重さ」が異なることを、学習者が理解できていないとします。

そこで、次のような問題を出します。そして、討論をさせます。
1　ボーリングの玉は水に浮きますか。
2　りんご1個は水に浮きますか。3分の1の大きさのリンゴは水に浮きますか。
さて、答えはどうなるでしょうか。

1は、「玉の密度による」が答えです。つまり、水の「密度」（1g／cm³）よりもボーリングの玉の密度が小さければ水に浮きます。全体としてはかなり重いと感じるボーリングの玉も水に浮くので、子どもたちは驚きます。

2も、意見が分かれる問いです。りんごが小さければ水に浮く、1個丸ごとは重いから水に浮かない、と考えてしまうのです。しかし、密度は大きさが変わろうと一定です。「密度は一定である」ということが理解できていない子は間違ってしまいます。

このように、**「学習者が重要であると思っていない」「大切な概念だけど気づいていない」「勘違いをしている」ことに目を向けるよう授業すればよい**のです。

冒頭の例で出てきた俳句の読解なら、「話者は何に感動したか」を尋ねます。

切れ字の「や」がついているから「古池」と考える子もいれば、体言止めだから、「水の音」と考える子もいます。

ここで教師が、「もし感動したのがまったく別のものだとしたら、何が考えられますか」と別の視点から考えるよう促します。

例えば、「静けさ」「静寂」などに感動したことが考えられます。静かでないと水の音も聞こえず、古池のわびしさも伝わらないからです。

俳句では、例えば「雪」を表現したいときに、雪という言葉を使わず、雪を思わせる表現を考えることが大切にされます。つまり、静けさに感動したからこそ、静けさを思わせるような表現を使ったのだと気づかせるのです。

このように、別の視点を与えたことで、「俳句では、伝えたいこと、感動したことをそのまま言葉にするのではなく、読み手に想像させるようにつくったらよい」ということを理解させることができます。つまり、**俳句に対して新しい認識が生まれた**のです。

俳句の大切な技法も、教えないと知らないままになります。子どもが自分から気づくことはなかなかありません。このような、自然には気づけないけれど大切な内容に気づかせるようにすると、「認識の飛躍」を促せるのです。

# 26

# 普段の授業における経験が、探究や協働的な学習の成否を決める

## 個別の探究や協働的な解決を子どもに任せられない

若いI先生は、ある年、学習の苦手な子が多い学級を担任することになりました。引き継ぎで聞いた通り、前年度の学習内容でつまずく子が多くいました。2学年前の漢字や基礎的な計算すら、習得できていない子もいました。

そのため、教科書レベルの基礎・基本の習得で精一杯の毎日でした。教師主導の授業で、とにかく教科書レベルの基礎・基本だけは確実に習得させようと思っていたのです。

教師主導の授業ですから、一斉授業が多くなりました。教師主導で教えることに力を入れた結果、何とか教科書レベルの基礎・基本は、少しずつですが定着してきました。それでも5人ほどが、授業が終わるたび、「先生、ここがわかりません」と訴えてきました。

そこで、「わからない」と訴える子には、個別指導も頻繁に行いました。授業の最初に、全体に向けて課題を出した後、学習の苦手な子に簡単な課題を出したり、個別に指導した

りする時間を取ったのです。また、家庭学習として、前年度の復習課題を出すなど、その子に合った支援も行いました。

やがて、多くの子が教科書レベルの基礎・基本は習得してきました。ただし、個別指導をしても学習についていけない子が数名残りました。

若いI先生にとっては、この学級の状態で、子どもだけで学習を進めるシステム・形態を取り入れることに不安を感じていました。

しかし、基礎・基本も身についてきたので、そろそろ「各自で探究する学習」「チームで協働的に問題を解決する学習」など、子ども主体の学習を取り入れようと思いました。

ところが、いざ子どもに問題を設定するように言い、「解決方法も自分で考えなさい」と指示すると、「できない」「わからない」と訴えるのでした。これまで教師主導の一斉授業が中心だったので、子どもたちは問題を設定し、解決方法を考えることに慣れていません。そもそも「問題の設定の仕方」「解決方法の発想の仕方」「協働的な解決の仕方」が理解できていません。つまり、**「学び方」が身についていない**のです。

しかも、様々な問題が設定され、問題によって解決方法が異なるため、各自がバラバラの動きになり、教師が対応できないのです。子どもからの質問攻めに遭うのでした。

## ≫ 先を見越して少しずつでも高度な学習を取り入れていく

冒頭の例の問題は、**「いずれ子どもたちだけで学習ができるよう、『学び方』を教えておく」という視点がなかった**ことです。

「学び方」とは、例えば「問題の設定の仕方」「予想・仮説の発想の仕方」「解決方法の発想の仕方」「考察の仕方」「討論の仕方」「協働の仕方」などです。

「学び方」の習得は、教師主導の一斉授業の中でも取り入れられるものです。

例えば、社会科なら、単元の最初で経験や知識を蓄積させます。その後、「疑問や調べたいことはありませんか」と尋ねます。

このとき、「何かと何かを比べると、違いや共通点が見つかりやすい」「関係性を考えると、因果関係が見つかりやすい」などとヒントを出すようにします。ちょっとした言葉かけですが、これが「学び方」を習得するうえで重要です。

続いて、子どもの疑問を集め、似たものは同じカテゴリーに分類していきます。いくつかのカテゴリーに分かれた問題が設定できます。このように、疑問の考え方や、問題の設定の仕方などを教えていくわけです。

さらに、「疑問や調べたいことを解決するために、どんな方法がありますか」と尋ねます。これで、「解決の方法の発想」を教えていることになります。

このように、**教師主導の一斉授業の段階で、「学び方」を習得させておくべきでした**。冒頭の例では、教科書に載っているレベルの基礎・基本の習得には力を入れていたのです。しかし、一斉授業の段階で、「学び方」の基礎・基本の習得を意識できていなかったことに問題があったのです。

さて、この例ではもう1つ問題点があります。それは、**子どもにゴールを示していない**ことです。教師は「いずれ子どもたちだけで学習ができるようにする」「自分の学習を調整できるようにする」とゴールをイメージできています。ところが、このゴールを子どもにイメージさせたり、体験させたりしていません。

もちろん「学び方」が身についてから探究や協働的な学習を行う方が、子どもに無理がありません。しかしそれは、**100％完璧に習得できてからでなくてもよい**のです。

つまり、「『学び方』の習得は不十分だけど、一部だけ探究や協働的な学習を取り入れてみよう」と、子どもに体験させてもよいわけです。

なお、子どもに探究を任せたり、協働的に解決させたりする学習は、前出の「学級経営ピラミッド」で言えば、上から2番目の「協同学習」に該当します。

例えば、小学3年理科のモンシロチョウの飼育を終えた後で、疑問や調べたいことを尋ねます。単元の終わりですから、昆虫に詳しくなっています。しかし、春の授業ですから、「学び方」はあまり習得されていません。子どもたちは次の発表をしました。

「蛹は茶色と緑色があった。なぜ色が違うのか調べたい」「アゲハや蛾など、別の幼虫を育てたい」「チョウや蛾の種類による幼虫の食べ物の違いを調べたい」「幼虫の生き残る知恵を調べたい」「成虫が敵から身を守る方法を調べたい」

続いて、「どうやって調べたらよいですか」と尋ねました。すると、実際に飼育する、学年全員の蛹を調べる、資料を探す、博物館に尋ねるなどの解決方法が出されました。

「学び方」の習得は不十分なので、教師が学習を手助けしながら、個別の探究やチームでの協働的な解決を促しました。3年生でも自分の力で学習を進めることができました。

このように、**ほんの一部でも、高度な学習を体験させることで、自分たちで学習を進めることへのイメージをもたせられます**。また、「学び方」にも習熟させられます。

学習後に「今回の学習でやったように、いずれ、自分たちで学習を進められるようになりましょう」と言うと、未来のゴールを子どもに意識させることができます。

「学級経営ピラミッド」では、一番下が土台であり、重要であると言いました。土台では、「学び方」を確実に習得させていく必要があります。

ただし、土台が100%達成したら上の段に進むという性質のものではありません。土台を築きつつも、上の段階に進んでよいのです。つまり、**土台が広がりを見せてきたら、同時にその上の段の指導も始め、さらにその上の段の指導も始めたらよい**のです。

この「下の段の広がりをもたせないといけない」という意識と、「少しずつでもよいので、すべての段の指導を進める」という意識を、両方もつ必要があるのです。

1学期は「問題の設定」は教師が行い、「解決の方法の発想」だけを子どもに任せるなど、一部だけ子どもに任せてもかまいません。少しずつでも、学習を任せていると、3学期にはずいぶん個別の探究や協働的な解決ができるようになります。

例えば、小学6年の理科の環境問題を扱う単元なら、「どの時点で水が汚れるのか調べよう」「生分解性プラスチックの分解を調べよう」「水をきれいにする方法を調べよう」などと各自が問題を設定し、チームを組んで協働的に解決するようになります。

# 第5章

## 本当は大切だけど、誰も教えてくれない

# [集団づくりと授業づくりの関係]4のこと

# 27

# 授業と集団づくりで相乗効果を生む基礎は、「心理的安全性」

**集団に学習に向かう雰囲気がないと…**

A先生は、教師になる前、授業に対して自信をもっていました。教育実習では、授業が上手だと指導教員からほめられたし、自分でも手応えがあったからです。また、大学で、教科に関する専門的な知識を学び、指導案を書くことにも慣れていました。さらに、ICTの活用にも長けていると自負していました。様々な最新のICTの活用を考えていました。きっとどの子も授業に集中し、がんばるだろうと思っていたのです。

ところが、現場に出てみると、A先生のイメージ通りにはいかない現実がありました。

その理由は、**集団に学習に向かう雰囲気がなかった**ことです。

まず授業が始まるチャイムが鳴っても、子どもが教室に帰ってきません。運動場で元気に遊んでいます。遅刻しないよう注意すると、ふてくされて学習に参加しなくなります。

授業が始まっても、机に突っ伏す子や、「あ〜あ、勉強嫌だなぁ」とつぶやく子、私語が止まらない子、教室を走り回る子がいます。とにかく騒々しいのです。

驚くべきことに、小学1年生ですら、授業中に暴れ回っているのです。気に入らないことがあると教室を飛び出していきます。注意すると、恐ろしい目つきで暴言を吐きます。

2学期になり、何とか学級を落ち着かせることができました。しかし、相変わらず意欲的に学習する姿は見られません。例えば、発表を促しても、発言しようとしないのです。班で話し合うよう指示しても、適当に話をして、あとは関係ない私語をしています。

ICTを駆使しても、子どもたちは意欲的に取り組んでくれません。また、教科に関する専門的な知識を説明しても、子どもたちは説明を聞いてくれません。困り果て、教え方の上手な授業映像を見せるのですが、そもそも映像を見ようとしません。

「授業を進めるには、授業方法を知らないといけない」

そのことにA先生は現場に出てから気づいたのでした。

A先生が頭で描いていた「教科内容やICTに教師が精通していれば、子どもは意欲的に学習に取り組む」「落ち着きさえすれば、子どもは集中して学習に取り組む」は、ともに幻想だったのです。意欲すら引き出せないため、粘り強く取り組む、自らの学習を調整しようとするといったさらに高度な態度の育成など、到底できませんでした。

## 》授業と集団づくりの相乗効果を意識する

この例の問題は、大きく2つに分けられます。

1つは授業方法に精通していないという問題。もう1つは、集団づくりで何かが不足しているという問題です。「意欲的に学習に取り組ませる」という授業方法の問題は、すでに述べました。ここでは、集団づくりに不足していることを考えます。

例に出てきたように、集団づくりと授業は関連しています。

まずは、集団づくりが授業に影響している例を見ていきます。

例えば、授業で討論を行うとします。簡単な討論です。「無人島で数か月過ごすとして、何を持っていくか」「自然の多いところで暮らすとして、山の多いところがよいか、海に近いところがよいか。雪国がよいか、南国がよいか」などです。

討論のやり方は習得できているとします。討論に必要な情報も、前もって蓄積させました。自分の意見を書かせる時間も十分に確保しました。

それなのに、討論ができない場合があります。子どもたちが発表しようとしないのです。反論に至っては、決してしようとしません。意見交流にならないのです。

多人数だから討論が難しいのかと、4人班のようなごく少人数で行わせます。しかし、やはり討論になりません。つまり、適切な授業方法を取り入れ、討論が可能になるよう工夫したにもかかわらず、意見交流ができないのです。

こうなると**「学級の心理的安全性」**の問題になってきます。

心理的安全性がないところでは、人は無難な発言をするようになります。反論や問題点の指摘、新しい提案などをしなくなるのです（心理的安全性を学級に確保する方法は、拙著『心理的安全性と学級経営』（東洋館出版社、2023）に示しました）。

討論で一番盛り上がるのは、反論があったときや、問題点の指摘、改善案などが出されたときです。心理的安全性のない学級集団では、このような発言が皆無になるため、討論が成立しなくなるのです。

この場合、事前に心理的安全性を集団の中につくっておく必要がありました。学級集団の中に心理的安全性が生まれると、討論は大変盛り上がります。

もう1つ、今度は反対の例をあげます。授業が集団づくりに影響を与えている例です。

①

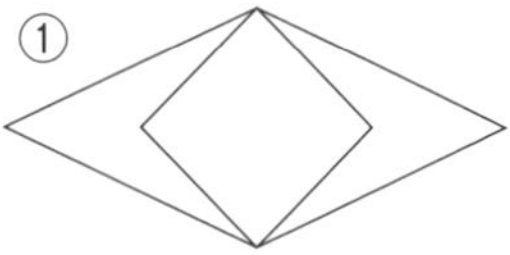

②

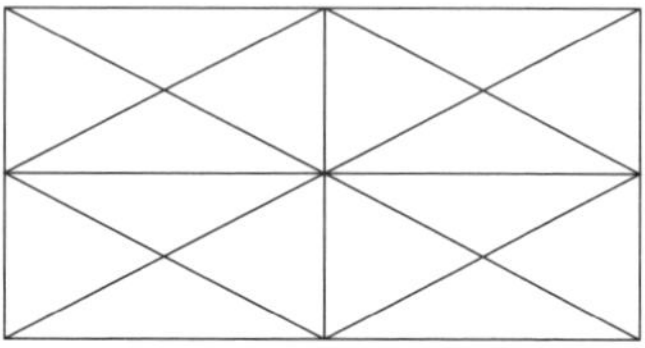

③

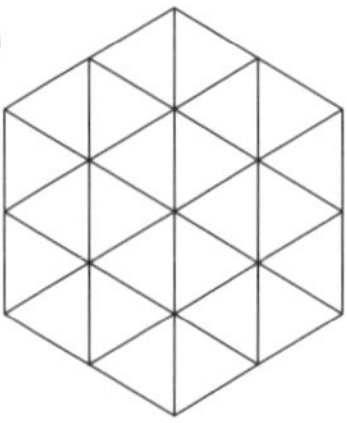

　例えば、算数の「図形探し」という課題で考えてみます。「図形探し」の実践は昔からあります。戦前の『尋常小学算術　第四学年児童用　上』（文部省、１９３８、発行所：東京書籍、p.33）に「どんな形の四角形がありますか」という問題が載っています。①と②の図形にある四角形を探す学習です。

　さらに、『尋常小学算術　第四学年児童用　下』（文部省、１９３９、発行所：東京書籍、p.29）にも同様の問題が載っています。こちらは、③の図形が提示され「正六角形がいくつあるでしょう」「正三角形はいくつあるでしょう」という問題が掲載されています。

　４月最初の授業で、①と②を出題したとします。まず四角形の定義を確認します。四本の直線で囲まれた図形です。小学校低学年でもわかります。

　発表のとき、挙手しない子がいます。答えがわかっているにもかかわらずです。「失敗するとみんなや教師から責められる」と恐れているのです。

これは、学級に心理的安全性がないことを意味します。集団の雰囲気を変えなくてはなりません。そこで活動の前に次のように言います。

「授業では間違えてもよいので、発表することが大切です。間違えば間違うほど勉強になり、賢くなるからです。今日は思いついたことをどんどん発表してみてください」

前置きした後で、「図形を見つけたら赤で印を入れ、先生に見せなさい」と指示します。子どもたちは嬉々として図形を次々と見せてくれます。教師が「すごい」「よく見つけました」とほめていきます。教師にほめられたり称賛されたりするので自信が出てきます。

そして、個人で見つけた図形を、グループで交流します。「こんな図形もあったんだ」「すごい! たくさん見つけてる」などと友だちからほめられたり、認められたりします。

そして最後に、「どんな図形がありましたか」と、全体で発表させます。すると、普段なら発表を躊躇する子も発表できます。**「失敗を恐れなくてよい」という前提のもとで、教師や友だちから認められ、自信が出てきたから**です。

ここで、発表のさせ方が工夫のしどころです。②の図形を発表させる際、最初の子には5つ程度発表させます。「5つも見つけた! すごい!」と断定的にほめます。

ここから「さらに1つ加えられる人？」という尋ね方をします。子どもたちは、1つずつ発表していくので、「すごいなぁ」とほめ、「さらに1つ加えられる人？」と尋ねることを繰り返します。こうして加えた子どもを「すごい！」「すごい！」とほめ続けます。

簡単な図形から次々と埋まっていくので、最後は難しい図形になります。4人班でも気づかなかった図形を発表する子が出てきます。

「おおっ、すごいな！」「○○さんも見つけていたよ」などと声が上がります。

教師も「すばらしい！」とほめていきます。算数が苦手な子や、普段算数で活躍しない子が、柔軟な発想を見せることがあります。つまり、**逆転現象が起きる**のです。

もし間違った図形が出ても、「これは五角形です。惜しかった。でも、いい図形を見つけたね。みんな勉強になりました」とほめていきます。何を発表しても教師が認め、称賛してくれるのですから、発表した子は満足します。最後に言います。

「みんなであれこれ意見を出したら、多くの図形が見つかりました。また、失敗を恐れずいろいろな図形を出してくれたので、どの教室よりも勉強になりました。失敗を恐れず意見を発表すること、みんなで知恵を出し合うことが、授業ではとても大切です。自分の意見を発表しようとした人、よくがんばったと自分で自分をほめてあげてください」

この授業をした後、学級の心理的安全性は圧倒的に高まっています。

まず個々が、「間違えても大丈夫だ」と思えるようになりました。しかも、集団の中に「授業では間違いがあっても勉強になるから、間違いを恐れなくてよいのだ」と共通理解が生まれました。

さらに、「みんなであれこれ考えを出し合ったら新しい発見があるので、協力して学ぶことが大切だ」と共通体験できました。そして、「次もまた意見を出し合って学ぼう」と学級全体で共通理解できました。

そして、逆転現象も起きました。「勉強が『できる』『できない』にそこまで違いはない」と、共通体験できたのです。子どもの中の「あの子は勉強ができる」「あの子は勉強が苦手だ」といった階層構造が崩れたのです。

このような要素が重なって、学級に心理的安全性が生まれました。つまり、この場合は、授業の中で集団づくりができたわけです。

授業と集団づくりは連動しています。そして、**相乗効果を発揮する**のです。集団づくりがうまくいっているから授業もうまくいく。授業がうまくいくと、集団づくりにも好影響が出る。互いに関連しているのです。

# 28

# 授業の事実が、集団のもつ価値観を変える

**授業がうまくいかないと…**

あるベテラン教師は、集団づくりに自信をもっていました。長年、集団づくりの研究会に所属し、集団の質を高める研究と実践を行っていたからです。

ところが、学校アンケートの時期になり、その学級では陰でいじめが発生しており、学級で過ごすことへの満足度（幸福感や充実感）が低いことが明らかになりました。

他にも、仲良し集団の固定化、差別的な言動の常態化も明らかになりました。子ども間で立場・地位の差異が生じており、学級集団に階層構造が生まれてしまっていたのです。

その教師が集団づくりがうまくいっていると思っていたのは、「表面上は問題がなく、秩序がある」「集団を教師が思い通りに動かせる」だけのことで、「互いの自己評価を高め合い、切磋琢磨する集団になっている」といった、高度な状態をつくっていたわけではなかったのです。

他にも、学校アンケートで明らかになったことがありました。それは、授業をおもしろくないと感じている子が多くいたことです。「授業がわからない」「できるようにならない」と回答した子もいました。

「授業に力を入れるよりも、学級づくり（集団づくり）に力を入れる」

そのように言っていた教師が、実は集団づくりに失敗していたのでした。

同様の例は、他の教師にも見られました。特に、経験の少ない教師ほど、同じ状態に陥っているのです。ある公的研修会で、「悩みや困りを交流する」というテーマで200名の若手教師が集められたことがありました。そのときに出された悩みや困りに共通していたのも、同じことだったのです。「授業よりも、集団づくりに力を入れる」と言っていた若手教師の多くが、力を入れたはずの集団づくりに失敗していたのです。

つまり、**授業がうまくいかないと、質の高い集団を育てることも難しくなる**のです。

「できる・楽しい」授業が実現されると、子どもの自己評価が高まります。自己評価が高まると、友だちと協力する気持ちが生まれます。協働して学ぶ価値を体験すると、「友だちは競争すべき敵ではなく仲間だ」と考え方が変わります。そして、互いを尊重できるようになります。このように、授業と集団づくりは連動しているのです。

## 授業で階層構造を壊す

私がある学級を受けもったときのことです。4月のはじめの段階で、子ども集団に階層構造ができてしまっていたことがありました。

権力をもつ子が威張っており、好き勝手していました。

立場の弱い子に面倒な仕事を押しつけたり、暴言を吐いたりするのです。

特定の子への差別やいじめもありました。

4月の学級開きから繰り返し、「差別といじめは許されない」「みなそれぞれが価値ある存在であり、平等なのだ」と全員に話して聞かせました。

ところが、この階層構造が強固で、言い聞かせるだけでは崩すことができなかったのです。

そこで私は、**授業で階層構造を崩すことにしました**。

昨年度までいじめを受けていた子で、独特な意見を発表する子がいました。みんなが思いつかないアイデアを発表するのです。

4月は、その子が発表するたび、「変だ」と声に出す子や、笑う子がいました。しかし、だれも思いつかないアイデアを発想できるのは、すばらしい個性であり長所です。

そこで私は「今の意見は別角度からのいい意見だ」と断定的に認め、そして、何がすばらしいのかを逐一解説するようにしたのです（無論、他の子の発表でも、よい意見は認めていきました）。

これを繰り返していると、ある変化が起きました。

まず、発表中の嘲笑がなくなりました。「ひょっとすると、すごい意見かもしれない」とみんなが意見に耳を傾けるようになったのです。

私が、「いい意見だ」と認め、何がすばらしいのかを解説するので、聞いていた子の中には、「ほ～」と感心したり、「なるほど」とうなずいたりする子も出てきました。

私の授業では、ブレインストーミングのように、アイデアを出す話し合いをよく行っていました。

この話し合いでは、**「突飛なアイデアほどよい」とあらかじめ子どもたちに伝えていました**。理科なら、「最も進化した昆虫を考えよう」「地球環境問題を解決する未来の発明品を考えよう」といったテーマでアイデアを出し合うのです。

アイデアの質は問いません。とにかく様々なアイデアを出すという活動です。このような話し合い活動でも、その子は大活躍しました。

こうして「変な意見を言う人」というレッテルは、少しずつ剥がれていきました。それどころか、「発想豊かな人」という評価に変わったのです。驚いたのが、その子をいじめていた子が、その子のことを大好きになり、一緒に遊ぶようになったことです。

子ども社会にとって、「差別やいじめを受けていた子」が、すばらしい長所をもっていることが明らかになるという事実は、重たいものでした。教師が日頃言っていた**「みなそれぞれが価値ある存在であり、平等なのだ」という言葉を、実感として理解することができた**からです。

学級の雰囲気は「差別はやめよう」「差別はくだらない」というものに変わりました。授業で子ども集団の階層構造を壊すことができたのです。

また、私の学級では、道徳や学級活動で、差別や障害に負けずにがんばろうとした人の紹介をよく行っていました。

すると、ここでも、「差別はいけない」「差別はバカバカしい」という雰囲気が生まれてきたのです。

一日の大半は授業の時間です。授業で生まれた雰囲気は、学級集団に浸透します。そして、集団に広がった雰囲気は、個々の子どもに浸透していくのです。

いわば**「集団のもつ価値観を授業の事実をもって変える」**のです。

無論、「集団づくりのために授業を充実させる」という話ではありません。それでは本末転倒になります。

**授業を充実させることが、結果として、個人や集団にもよい影響を与えることを意識したい**のです。つまり、集団づくりを充実させるには、授業の充実が不可欠なのです。このことを私たち教師は意識できていないといけないのです。

## 29

# 個々の小さな成功体験は、集団に大きな波及効果をもたらす

### 一部の子どもが学びの雰囲気を阻害すると…

ある小学校の中学年の授業風景です。

担任が「では、算数を始めます」と授業のはじめに言いました。若いY先生は、その授業を参観させてもらっていました。授業方法の学び合いのため、定期的な参観の慣例がその学校にはあったからです。

ところが、学級の子どもたちは「算数は嫌だ」と言い出しました。

次の時間を算数にするか、体育にするかで、45分の授業時間のうち10分ほどが経過しました。運動好きの子どもたちが、強く主張して譲らなかったからです。

結局、時間割通り算数をすることになりました。ところが、算数を嫌がっていた子は、授業に参加せず遊び始めました。筆記用具を飛ばし、私語を始めたのです。

しばらくすると、遊び始めた数人に影響され、他の子どもたちも手遊びや私語を始めま

した。学級の中の学びの雰囲気が急速になくなっていきました。その結果、算数の準備をして待っていたやる気のある子も、学ぶ意欲を失ってしまったのです。

別の年、Y先生は他学級の算数の授業を参観させてもらいました。その日は雨でプールが中止になっていました。授業が始まったとき、中学年の子どもたちは口々に不満を述べました。「プールが中止なら算数や国語も中止して」「どうして算数を勉強しないといけないの。次の時間は自由に遊ぶ時間にしよう」

このときは揉めに揉めました。学級が騒乱状態になったのです。困った担任は、授業時間の半分を、「算数も国語も時間割通りにやる」という説得に費やしたのでした。

参観していたY先生は、集団の雰囲気が、学びに向かうものとはかけ離れていると感じていました。ようやく授業が始まっても、プールを楽しみにしていた子は、机に突っ伏して学習に参加しませんでした。それどころか、大声で私語を始めたり、教師の発言に茶々を入れたりと授業妨害を始めたのです。真面目に学習に取り組んでいた子も、徐々にやる気を失っていったのでした。

この一連の出来事によって、Y先生は、**集団の雰囲気が授業に大きな影響を与える**ことを痛感したのでした。

## ≫ 互いに高め合う雰囲気をつくることを意識する

集団づくりと授業づくりは連動しています。

それは、よい方にも悪い方にも連動しているのです。例では悪い面ばかりでしたが、よい方にも相乗効果は発揮させられます。

小学校高学年を担任したとき、陸上競技大会の指導を担当したことがありました。子どもの希望で、大会に向けての放課後練習をすることになったのです。競技会への参加は任意です。保護者の希望もあり、私が主担当を任されました。

さて、私が一番にやったことは、希望者以外の子を誘うことでした。私が誘ったのは、「成功体験を味わわせたい」と感じていた子です。というのも、学級には「自信がない」「学校がおもしろくない」と常々口にする子がいたからです。中には、家庭の事情もあり、教師を含めた大人に不信感を抱いていたり、自暴自棄になったりしている子もいました。

私は、あえてそういった子を誘い、高い目標に挑戦させて、自分の力を伸ばす喜び、友だちと協力する喜びを感じさせたいと思っていたのです。

さて、私が誘った子は、誘われて練習に来ただけなので、最初はやる気を見せません。私が熱意をもって教えても、適当に練習して終わるのです。そもそも、練習だってさぼりがちなのです。準備も片づけも全部私が行い、子どもたちはさっさと帰って行く始末です。

ところがです。2か月の練習期間のうち半分を過ぎたころから様子が変わり始めました。真面目に練習している仲間を見て、「自分も少しはがんばろう」と思い始めたのです。

また、私が事あるごとにほめたり認めたりするので、徐々に前向きな気持ちも出てきました。もちろん、記録が落ちても叱られることはありません。むしろ、努力の過程を称賛されます。だから、失敗を恐れず、がんばってみようと思えるようになったのです。

本番2週間前になり、私が誘った子どもたちも本腰を入れて練習に取り組み始めました。それを私が認め、称賛していきました。失敗しても、努力の過程を認め、励まし、称賛を繰り返しました。

私は何より、**「努力を続けた結果の成功体験」**をなるべく早く経験させておきたいと考えていました。その手段の1つが、陸上競技大会だったのです。

さて、最初の大会では、私が誘った子どもたちは尻込みしてしまいました。最初の大会が終わったとき、タイムが上がった子もいれば、あまり変わらなかった子もいたのです。

中には、大会当日に欠席した子もいました。

しかし、私は大会後に一人ひとりの努力の過程を認め、称賛しました。私が称賛することで、成功体験になるからです。また、友だちのがんばりを互いに認め合う時間も取りました。友だちからの称賛も、強い励ましになるからです。

こうして、次の大会に向けての練習参加を全員が希望しました。1回目の大会が成功体験になり、次の大会に向けてやる気が高まったのです。

さて、練習を継続していると、子どもたちは記録を着実に伸ばしていきました。がんばるほどに記録が伸びていくのです。それを見ていた子も、「努力すれば成長できるのだ」と実感しました。そして、ますます真剣に練習に取り組むようになったのです。

1年後には、1000名が参加する大きな競技会に出場しました。昨年は、この大会優勝者が全国でも上位入賞しているほどのハイレベルな大会です。練習に参加した子は、この大会で次々と上位入賞し、入賞しなかった子も自分の記録を更新していったのです。

この大会に向けた練習で、日頃から「自信がない」「学校がおもしろくない」と言っていた子どもたちは、意識が変わりました。前向きな気持ちになったのです。すると、**放課後練習だけでなく、授業でもがんばるようになってきました。**

そして、**練習会に参加したメンバーのがんばる雰囲気は、参加しなかった子にも波及していった**のです。その結果、学級集団の雰囲気はより前向きなものになりました。前の担任が学級を参観し、「去年までとは違う子の集まりなのではないか」と評したほどです。

やがて、個々が高い目標に挑戦するのが当たり前の雰囲気が学級に生まれました。友だちが高い目標に挑戦して努力しているから、自分もがんばろうと思えるようになったのです。

子どもは教師にも感化されますが、所属する集団にも感化されます。特に、**集団のもつ雰囲気に感化される**のです。

例えば、苦手を克服し、図工で最優秀賞をとったという事実。運動に障害をもつ子が記録会に出場した事実。そういう事実を目の当たりにすると、劇的に学級の雰囲気が変わります。そして、自分ももっとがんばれると思えるのです。

ある年、小学3年生で、1回の作文で原稿用紙100枚分書いた子がいました。そして、それに感化された子が、30枚も40枚も一度に書くようになりました。

**学びに向かう雰囲気に加えて、互いに高め合う雰囲気をつくることも大切**なのです。

# 30

# 授業の充実で、自然と前向きな雰囲気がつくられる

**表面上は荒れているわけではないけれど…**

教師になって数年の若いG先生が、ある有名小学校の公開研究会に参加したときのことです。２日間にわたり、公開授業が行われます。学力の高い学校なので、さぞハイレベルな学びが行われているのだろうと思い、G先生は楽しみにしていました。

ところが、研究会初日、授業者から次のように説明がありました。

「５年生は少し荒れていて…。ちょっと騒がしいかもしれません」

その５年生の教室には、１００名ほどの参観者が詰めかけていました。

「いくら何でもこの状況で荒れることはないだろう」とG先生は思っていました。

授業が始まりました。特に、だれかが暴言を吐くということはありません。

立ち歩くわけでもありませんし、奇声を発する子もいません。

G先生が担任している学級と比べると、むしろおとなしい印象でした。

ただ、私語がときどき見られました。決して目立つ声ではありませんが、コソコソと、教師に隠れて私語に興じているのです。

G先生の学級でも私語はあるので、この点だけが自分の学級と似ていると思いながら参観を続けていました。

さて、授業が半分ほど過ぎたとき、G先生はこの学級が荒れていると言われている理由に気づきました。それは、**学級の子どもたちの意識のベクトルがバラバラ**なことでした。

例えば、だれかが発表します。その発表を他の子が聞いている様子がないのです。友だちと一緒に作業をしている子、まわりと私語をしている子、1人で手遊びしている子、各自が好き勝手な行動を取っているのです。人が発表しているのに、我関せずなのです。

教師が班で話し合うよう指示しました。すると、指示通りにする子もいますし、無視して別の行動をする子もいます。教師は何とか話し合いや協働の場面をつくり、学びを広げたり深めたりしたいのですが、うまくいきません。

集団がまとまっている雰囲気はなく、個々がバラバラの動きを続けて授業は終わりました。結局、学習は広がりも深まりもしませんでした。授業者は、立ち歩きや教師の指示への反抗がなかった分、今日はまだまともな方だったと釈明しました。

## 集団づくりと授業づくりを同時に進める

例のような学級をどう立て直したらよいのでしょうか。知的な子どもたちであることには違いありません。しかし、個々の意識のベクトルがバラバラです。教師の発問や指示、友だちの発表を無視している子がいます。いわば、**「静かな学級崩壊」**の状態です。

この例の場合、学級経営ピラミッドで言えば、「土台」の構築が不十分です。遠回りのように見えても、まず土台を築くことから始めなくてはなりません。

ここで「集団づくりが先か」、それとも「授業づくりが先か」という問題が発生します。明らかに学級集団がまとまっていないのですから、「規律を浸透させ、集団をまとめるのが先だ」という意見があります。一方、「授業が楽しければ、意識が学習に向かうのだから、授業づくりが先だ」という意見もあるわけです。

学級経営ピラミッドの概念では、**「両方同時に進める」**ことを重視します。つまり、集団づくりも授業づくりも、車の両輪のようにどちらも欠けてはならないと考えるのです。

この学級では、友だちの発表や教師の話を「聴く」という規律が浸透していません。

では、授業の中で、規律の浸透はどうすればよいのでしょうか。

一番簡単なのは、「発表のときには発表者の方を向く」とルールをつくってしまうことです。しかし、このやり方では本当の意味で規律は浸透しません。子どもたちはただ、やらされているだけです。教師に叱られるから、とりあえず顔だけ発表者の方に向けているのです。

しかも、この例の場合は、子どもたちは話の聴き方という規律は当然理解したうえで反抗しているのです。知的な集団であるほど、つまらない授業には参加したくないと思っています。子どもからすると、「楽しい知的な授業をしてほしい」と思って、静かな反抗に至るわけです。

だから**「仲間と協働して学ぶことは意味や価値のあることだ」と実感できる授業を行うことで、「友だちの意見を聴く態度が大切だ」という規律を教えた方がよい**のです。つまり、集団づくりも授業づくりも同時に行うのです。

例えば、先に示した算数の図形の授業のように、自分が思いつかなかった答えを友だちが発想する授業を行います。そして、友だちの話を聞くことや意見を交流することの規律を浸透させていくわけです。「友だちの話を聞きたい」「意見を交流したい」と思える授業なので、規律も浸透しやすくなります。

この方法のよい点は、注意や叱責をせずとも規律を浸透させられることです。すなわち、「友だちの意見を参考にしてアイデアを生み出せている人がいてすばらしいです」と、**子どものがんばりを認めるだけで規律が浸透する**のです。

なお、授業が充実することで、やがて、「協働することの意味や価値」を実感できる子が増えていきます。すると、学級の雰囲気が、「仲間との協働を大切にしよう」というものに変わってきます。**授業でつくられた雰囲気によって、授業外での子どもの行動も自然とよいものに変化する**のです。集団の雰囲気に子どもたちが感化されるからです。

こうして、係活動や、学級イベント、学校行事などでの子どもの言動も自然と変わっていきます。友だちとしっかり意見交流して、イベントを一緒につくっていこうとする子が増えてくるのです。授業外でよい雰囲気ができると、授業の場面でも、友だちと意見交流して、協働して学ぼうとする子が増えてくるのです。

このように、集団づくりと授業づくりの2つを同時に進める意識が大切になるのです。

第6章

本当は大切だけど、
誰も教えてくれない

# [授業力向上の手立て]6のこと

# 31 授業方法に関する知識を得なければ、授業改善はできない

## 教科の専門知識だけで授業はできない

教師になったばかりのI先生には、不思議に思うことがありました。それは、教科の専門的な知識を十分学んだ教師が、授業がうまくいかずに悩む現象が見られたことです。

I先生は科学研究を大学で行っていました。教育学部とはいえ、科学研究を主軸とする研究室に配属され、指導教員はみな、科学研究一筋の研究者たちでした。そして、理学部や工学部と同等以上の研究を行っていたのです。学会発表や論文発表も行っていました。

I先生だけが特別ではなく、当時の理科研究室所属の学生はみな、同様に科学研究に本格的に取り組んでいました。毎日、何時間も実験を繰り返すのです。データを整理する時間や記録する時間などを合わせると、1日10時間を超えることもざらでした。

科学研究を主軸とした研究室なので、学生とはいえ、科学の専門的な知識は深く、広く学んでいました。また教育学部なので、理科の教科書に載っている知識や実験技能は繰り

返し学んでいました。無論、小・中・高の教科書レベルの知識だけでなく、それに関連する専門的な科学の知識も学んできたのです。さらに、科学の様々な教材に触れていました。

ところがです。いざ小・中・高の教員になると、みな「授業がうまくいかない」と悩むことになったのです。これがI先生には不可解でした。当時の教員採用試験の倍率は、10～20倍程度でした。地域や学校種によっては、30～50倍だったのです。大変な高倍率であり、真摯に学び続けている学生しか合格できない狭き門でした。

**科学の専門的な知識・技能を学び、科学教材にも精通し、実験技能にも長け、狭き採用試験を突破した、いわば理科教育に関する最上級の人材が、みな「授業がうまくいかない」と悩んでいる**のです。狭き門を合格するぐらいですから、人間的魅力も十分に備えています。熱意もあります。大学で学ぶ教育学の知識も、真面目に学んだ人たちでした。

中には、「授業や学級経営がうまくいかない」と悩み、子どもたちが荒れ、保護者から毎日クレームがくるようになり、心身ともにボロボロになった教師もいました。

もちろんI先生も同じように悩んでいました。他教科はもちろん、理科の授業すらうまくいかないのです。理科が始まる小学3年の最初の単元「春を見つけよう」の授業から、何をどう教えてよいのかわからず、失敗してしまったのです。

## ≫ 授業方法のカテゴリーを知り、適したものを選ぶことから始める

例えば、理科の授業を進めることを考えてみます。

小学4年の理科で「雨水のゆくえ」という単元があります。「雨水はどこに流れるのか」「地面の様子によって、雨水のしみ込み方は違うか」といった内容を学びます。

単元の最初に、雨後の地面の様子を観察しに行きます。水はけが、地面の傾きや土の性質によって違うことに気づかせるためです。

このとき、単に「雨の後の地面の様子を確かめに行きましょう」と指示するだけなら、子どもの興味・関心を引き出されず、適当に観察して終わってしまいます。

そこで、観察前に次のように問います。

「雨の後、水たまりはどこにでもできますか」

こう問われると、少し興味・関心がわいてきます。雨の後の地面の様子を、これまできちんと観察したことがないからです。この問いなら、少しは観察に熱が入ります。

さらに、もっとよい問い方があります。

「雨の後、運動場の水はけが悪くて、サッカーができないという訴えがありました。キーパーの場所に水たまりができるそうです。学校内に水たまりができやすい場所はありますか」

この問いによって、子どもたちは、これまでの生活経験を思い出します。そして、現在自分が理解していることを口々に発表してくれます。**単元の導入で、子どもの生活経験と現在の理解を教師は知ることができました**。

さらに、意見の違いも明らかになります。水たまりができやすい場所への理解が、子どもによって異なっているからです。**意見が食い違うと確かめたくて仕方ない状態になります**。そこで、次のように問います。

「水たまりが残っている場所と、水たまりがなくなる場所は何が違うと思いますか」
「水たまりの秘密を明らかにして、休み時間の遊びをしやすくできたらいいですね」

このように問いかけることで、仮説をもたせることができました。さらに、自分たちの日常の問題を解決するという目的意識をもたせることもできました。

興味・関心を高め、目的意識をもたせることで、子どもたちは観察に熱中します。

観察後は、「土の様子が違ったので、土を持って帰って調べよう」「土地の高低差が気になったので、傾きを調べてみよう」などと、様々な方法で解決させていきます。

導入のたった数分のやりとりですが、子どもの授業への熱中度は変わりました。

このように、よい授業を行うには、「授業方法」の知識・技能を学ぶ必要があります。

今紹介したのは、授業の導入に関する授業方法です。

授業方法の知識は、教科内容に関する専門的な知識とは異なります。つまり、**「教科の専門的な知識」とは別に「授業方法に関する知識」を学ばないといけない**のです。

なお、「水はけ」という言葉の定義を説明したり、発問に「水たまり」という言葉を入れたりすることも重要になります。「水はけ」は何度も出てくる言葉なので、定義を確定させておかないと混乱するからです。また、「水たまり」という言葉は、普段子どもが触れており、イメージしやすい言葉だからです。

このように、授業方法の知識は、多岐にわたります。

拙著『本当は大切だけど、誰も教えてくれない　授業デザイン　41のこと』（明治図書）では、授業方法に関して、次のカテゴリーがあることを紹介しました。

**①授業技術　②授業内容・教材　③授業展開　④システム・形態**

私たち教師は、教科の専門家だけでなく、授業方法の専門家でないといけないのです。

# 32

# 指導ができる教師だけが、支援に回ることもできる

**すばらしい授業の映像を見せても…**

若いG先生は、自分の授業力のなさを自覚していました。

そこで、授業力のない自分の授業よりも、授業のうまい人の授業映像を見せたらいいだろう、と考えることにしました。最近は、授業のエキスパートによる授業映像が増えてきたからです。「授業のうまい人の映像なのだから、子どもたちは理解できるだろう」とG先生は考えました。何といってもエキスパートですから、授業力も専門的な知識の量も、若い自分よりは上のはずだからです。

G先生の考えたプランはこうです。まずは授業映像で内容に興味をもたせたり、知識を理解させたりします。もし興味をもたせることができなくても、最低でも知識を理解させることはできるはずだと考えました。

授業映像を見せた後、映像で学ばせた知識を基にして、問題を子どもに考えさせたり、

解決の方法を子どもに考えさせたりします。「最近は、問題を子どもに考えさせたり、解決を子どもに任せたりするのが流行しているし、子どもの活動中心で授業を進めよう」と思っていました。こうすれば、G先生が一斉授業で教えなくても、エキスパートの授業映像を見せた後、子どもを支援するだけで学習が成立すると考えたわけです。

さて、G先生は、子どもの活動へのファシリテーションや、子どものがんばりを認めるフィードバックを行うだけで、子ども主体の学習は進むと軽く考えていました。そして、学習の支援が中心なのだから、専門的に教材研究をしなくてよいと思っていました。

ところが、そう簡単に事は運びません。授業映像を見ると、確かによい教え方とわかるのですが、なぜこの授業展開にしたのだろう、なぜこの発問なのだろうと、当のG先生がわからないのです。教材研究をしていないので、どういう意図でこの授業展開で教えられているのかわかりません。

しかも、授業は生き物です。途中でわからなくなる子もいますし、教師が予想していない意見や質問が子どもから出されて、授業の展開が変わることもあります。

ところが、教師が教材研究をしておらず、しかも授業方法を学ぼうとしていないので、臨機応変に対応することができないのです。

さらに、子どもはそれぞれバラバラの理解をしていることにも気づきました。子どもは自分が「知っていること」しか見えていません。また、自分が「重要だと思っていること」しか見えていません。よって、子どもによって理解がまったく異なるのです。

授業映像を見せ終わり、子どもの現在の理解を確認すると、見事にバラバラです。中には勘違いをしている子や、理解ができていない子、理解の浅い子もいます。

しかも、授業映像後に子どもが学んだ内容や疑問、調べたいことを尋ねても、どの意見に価値があるのかG先生に判定できないのです。もちろん、子どもにも判定できません。

「映像で理解できたことは何ですか」「よくわからないことはありませんか」

このように尋ね、子ども同士で話し合わせたり、調べさせたりといった感じで授業を進めるのが精一杯といったところでした。学習が広がりも深まりもしないのです。

**授業映像だけでは、「そもそも問題を考えることができない」「そもそも解決の方法を考えることができない」という状態だった**からです。

よって、表面上理解できたこと、わからなかったことを確認する程度で、授業を進めざるを得ないのでした。これが本当に「子ども主体の学習」になっているとは、G先生には思えなかったのです。

## 》授業者本人が意図的・計画的に授業をつくる

例えば、小学校の社会科で、知識を理解させる映像を見せるとします。社会科の専門的な知識も授業方法の知識も豊富な、エキスパートがわかりやすく教える授業映像です。そのとき、グラフが出てくることがあります。このグラフを、授業映像の中だけでさっと理解できるかと言えば、そうではありません。

なぜなら、グラフの読み取り方や、グラフから読み取れる内容の確認が必要になるからです。縄文から弥生時代の人口増加のグラフでは、「弥生時代になり、急に人口が増加した」「縄文時代の末期に人口が急激に減少した」といったことが、教師ならすぐに読み取れます。ところが、簡単に読み取れそうなグラフの見方がわからない子もいるのです。

その子には、「縦軸・横軸は何を示しているか」「いつの調査か」「出典は何か」など、グラフの読み取り方を教えないといけません。

さらに言えば、「ゆるやかな増加」「急激な減少」などに注目する子もいません。**それが重要だと思っていないから気づけない**のです。その場合、「変化の傾向」「単位は何か」など、注目すべき点を教えないといけません。

また「人口が減ったのは、世界的な寒冷化が原因」「当時の水田耕作は熱帯産のイネを栽培していた」といった情報も重要なのですが、言葉がわからない、内容がイメージできない子もいるのです。つまり、授業映像だけでは浅い理解にとどまってしまうのです。


これは、6年の弥生時代の歴史を教える授業の一コマです。

では、どう授業すればよかったのでしょうか。やはり、エキスパートの授業映像に依存せず、教師が教材研究し、意図的・計画的に授業をつくらなくてはならなかったのです。資料として映像を使うのはよいのですが、問題はそれに依存してしまうことです。

ある年の授業展開を次に示します。映像は生活の様子を紹介する程度で使用しました。

1　縄文時代や弥生時代の生活の様子を映像で提示した。
2　各時代の人口を比較したグラフの読み取り方を教えた。
3　人口比較のグラフを見て気づいたことや疑問、調べたいことをノートに書かせた。
4　子どもの気づきを発表させた。「弥生時代に人口が急に増えた理由が知りたい」などと子どもから意見が出された。人口が増えた理由を個別に予想させ、友だちと予想を話し合わせた。

5 資料を使って、縄文時代と弥生時代の生活の様子を調べさせた。人口が増えそうな理由を、チームで協力して探させた。「稲作が本格的に始まった」「温かい地域では稲がよく育つ」「米が蓄えられるようになった」「村や国などにまとまって暮らすので安全」「鉄や銅が伝わり、農業が楽になり、盛んになった」「渡来人により農業の技術や道具が発達し、暮らしがよくなった」などの意見が出された。

6 「人口が減ってしまうのではないかという変化はありますか」と尋ねた。「戦争」「争いが絶えなかったと書かれてある」と意見が出された。

7 「みんななら戦争を終わらせるために、どういう方法を考えますか」と問い、予想を話し合わせた。話し合い後、資料で調べさせた。「小さな国をまとめる大きな国ができた」「男性の王ではなく、女性の王をたてた」「外国と仲良くして、最新の武器などの道具を取り入れた」などを調べることができていた。

8 「さらに調べたいこと、疑問はありますか」と尋ね、次回調べていくこととした。

縄文時代と弥生時代の映像を見せている点は、事例と同じです。ただし、単なる資料として提示しただけで、授業自体は私が進めています。教師が発問したり、指示したりと、意図的・計画的に授業を進めている点が違うのです。

つまり、教師が教材研究を行い、あらかじめこのように授業を展開しようと意図的に計画しておくことが大切なのです。理由はたくさんあります。

まず、「子どもから疑問を出させ、問題を子どもに設定させよう」と考えても、疑問や問題が子どもから出てくること自体が実現できないからです。

提示した授業では「弥生時代に人口が急に増えた理由が知りたい」と子どもから疑問・問題が出ています。これは、教師が意図してそのような疑問・問題が出るように、知識を教えたからです。あえてそのような疑問・問題が出るよう、意図的に知識を蓄積させたわけです。こうしないと、初学者は疑問・問題をつくることすら難しいからです。

では、もしもこの展開の中で、教師が予想していない疑問・問題が出たら、どうしたらよいのでしょうか。この場合も、教材研究をしていると、慌てることがありません。子どもの発表を聞きながら授業展開を変えるなど、臨機応変に対応できるからです。

ある年、「邪馬台国がどこにあったのかわからない」という疑問が出たことがあります。

このときは、邪馬台国の場所を推定させることを行ってみました。

『魏志倭人伝』に出てくる邪馬台国の位置を示す文章を、簡単に直して配付します。文章は大変あいまいで、地図帳をたどっても、子どもたちはバラバラの場所に着いてしまいます。九州の南だったり、四国や関西地方だったりするのです。「実は、邪馬台国の位置ははっきりわかっていません。主に九州説と近畿説があります」と説明します。どちらの説に説得力があるか話し合わせると盛り上がりました。

途中で何か子どもの意見や疑問、調べたいことが出てきたとして、教師がその内容の価値を判断できるからこそ、「これは少し扱おう」などと臨機応変の対応ができるのです。

例えば「戦争を終わらせるために守りを固めたい。攻められない要塞をつくっておく」という意見が出たら、環濠集落を教えることができます。縄文時代の集落の様子と比較させることもできます。

また、「縄文時代にも争いはなかったのか。食料が乏しいと他の国の食料を奪うはずだ」という疑問が出たら、縄文時代には、大きな集落はあるが、周囲に壕や土塁がなく、外国の遺跡と比べて受傷人骨が少ないことを紹介します。一方で、縄文時代にも争いの痕跡が発見されている場所があることを紹介してもよいでしょう。

他にも、縄文時代には、食料を保存する仕組みがあったり、ドングリや栗などを栽培する仕組みがあったりしたので、食料が著しく不足しなかったと教えることもできます。

このように、**教師が教材研究をしていると、予期していない疑問や調べたいことが子どもから突然出されても、臨機応変に対応できます**。もし子どもが疑問を考えられない、問題を設定することができないのなら、「もう少し知識の蓄積が必要だな」と考え、教師が積極的に知識を教える展開にするなどの対応もできます。

この単元では討論の場面も用意しました。単元末に「弥生時代と縄文時代、どっちに生まれたいですか」と尋ねたのです。子どもたちは1時間熱中して討論しました。

エキスパートが授業を行う映像は多くあります。しかし、それを使うだけでは授業は成立しません。授業者自身で教材研究し、授業案を考え、臨機応変に対応できるようにしていないと、学習の支援すらできないのです。

そもそも、**指導より支援に回る方が難易度は高い面もある**のです。支援に回れるということは、その学習を子どもだけで行うことが可能であり、それを教師が判断できていることを意味するからです。指導もできるけど、ここは子どもに任せて支援に回ろうというわけです。指導ができる教師だけが、支援に回ることもできるのです。

# 33

# 授業技術を「理解する」ことは第一段階

## 理解したつもりの授業技術が使えない

若いC先生は、授業をベテラン教師に見てもらうことがありました。指導案を配付し、校長や教頭、教務主任、学年主任、教科主任、特別支援教育コーディネーターなどに見てもらいます。いわゆる「自主研究授業」です。授業後には必ず反省会を行います。反省会では、参観者から授業方法に関する助言を多くもらっていました。

授業方法の中でも、特に「授業技術」に関しての助言をもらうことが常でした。例えば、次のようなことです。

「教師が話す言葉を、厳選して少なくしなさい」

「1回の指示は、短く端的に、1つのことを伝えなさい」

「説明は30秒以内にまとめなさい」

「空白の時間をなくしなさい。やることのない子がいないようにしなさい」

「多数派に圧されて意見を発表しづらくなるから、少数派から指名しなさい」

「自分の利き目と反対側の子どもが見えていない。利き目の反対を意識しなさい」

「授業の一番大切な内容に焦点化できていない。教える内容を限定しなさい」

このように、授業技術に関して、様々な助言をもらうのです。教師によって助言の内容は違います。例えば、特別支援コーディネーターからは、特別支援教育に関する授業技術を教えてもらうことがよくありました。

「発問後に何をしたらいいかわかりません。指示もセットで入れましょう」

「一度だけの発問では伝わっていません。3回ほど繰り返してください」

「指示をしたら確認してください。指示通りにしていない子がいましたよ」

その一つひとつが、大切な授業技術でした。こうして、C先生は少しずつ授業技術を知ることができました。頭では知識として理解できたのです。

ところが、次の公開授業でも、また同じことを言われることになるのです。

「この前も言ったけど…、一度に指示を複数出していたよ」という感じです。

**授業技術を理解したつもりでも、それがすぐに使いこなせるかというと、そうではないのです。**「強く改善を意識して授業に臨む必要がある」とC先生は感じたのでした。

## ≫ 授業技術の一つひとつを意識的に試すことから始める

研究授業をすると、参観者から助言をもらえます。異口同音に助言されるのであれば、それは大切な授業方法の可能性が高いでしょう。この事例では、授業方法の中でも、特に「授業技術」に関して助言を毎回受けています。もちろん他にも、「授業内容・教材」「授業展開」「システム・形態」に関して助言されることもあるでしょう。

さて、ここでは、授業技術の習得に焦点を当てて考えます。

授業技術には、様々な内容があります。「プレゼンの技術」「発問の技術」「指名の技術」「評価の技術」「フィードバックの技術」「言葉かけの技術」など、数多くの技術があります。

授業技術は、「手段」です。授業の「目的」に合わせて使用する必要があります。例えば、「思考力を伸ばすために、1人で考える思考場面を5分確保する」「問題をつくる力を養うために、最初に自由な実験・観察の時間を確保する」「理解を深めたり広げたりするために、子ども同士の意見の食い違いを取り上げ、話し合わせる」などです。

つまり、**「○○のために」という目的と、「○○する」という手段を、セットで理解しないといけない**のです。目的と手段をセットで理解することで、「どんなときにどんな目的で授業技術を使用できるか」がわかります。授業技術への理解が深まるのです。

こうして、授業技術を頭で理解したとします。しかし、これがすぐに使いこなせるようになるかと言えば、そうではありません。**授業技術を使いこなせるようになるには、技術を強く意識して、練習する必要がある**からです。

例えば、「１回の指示は、短く端的に、１つのことを伝える」という技術で考えます。頭で理解するだけなら簡単です。しかし、これができるようになるには、強く意識し、かつ何度も練習することが必要です。言葉を削る作業、指示を１つに絞る作業を繰り返します。そして、実際の授業で、意識して使ってみるのです。

地域で一番の授業力をもつと言われた20代の若手教師が、大きな研究会の公開授業で、一度に10以上の指示を出したことがありました。理科の実験でのことです。無論、子どもたち全員が混乱し、騒乱状態になってしまいました。このように、たった１つの技術ですら、実際に使うことは簡単ではありません。もし指示を複数しないといけないなら、板書や提示をすればよかったのです。つまり、応用も利かさないといけないのです。

さて、授業技術の中には、複数の知識が含まれているものがあります。

「一本調子に話さない」という授業技術を考えます。

この技術の中には、「声を張る」「抑揚をつける」「強調する」「リズムとテンポを意識する」「さっと言うところと、ゆっくり話すところを意識する」「止めるところを意識する」「声の出し方を工夫する」など、様々な内容を含んでいます。

しかも、これらの一つひとつは、練習しないとできるようになりません。

つまり、「一本調子に話さない」と教えてもらい、理解はできるのですが、「ではどうすればよいのか」は、もう少し具体化が必要になるのです。

「今回は声を張るのをがんばろう」「今日の授業では抑揚をつけることを意識してみよう」といったように、具体まで意識して練習しないといけないのです。

時には、模擬授業での練習や、声を録音しての確認などもしなくてはいけません。

話し方1つにしても、人によって技量がまったく異なります。アナウンサーはさすがという話し方をします。プロと言われる教師も話し方が上手です。算数の問題文をプロ教師が読むと、映像が頭に浮かんでくるほどです。「数字を強調して読む」「重要でない情報はサッと読む」「大切な情報の前では止まる」「読み手が情景を頭に描けるように読む」といった工夫がされているからです。わずか5文程度の問題ですら、技量の違いが現れます。国語の物語文などはさらに顕著です。

このように、プロは様々な技術を、「技能」として習得するまで練習しているのです。つまり、**「授業技術を理解する」が第一段階であり、「授業技術を使いこなせるようになる」が第二段階**なのです。使いこなせるようになったとき、技術が技能として身についたことを意味します。

教師が話す場面は多くあります。話し方1つ、視線の送り方1つ、立ち方1つでも、練習しないと身につきません。「利き目と反対側を意識しなさい」というのは、それを伝承されてきた教師にとっては常識的な授業技術です。

しかし、そういう技術を伝承されているかも問題です。だれにも教えられなかったとして、若い教師が自力で気づき、しかも練習を行うでしょうか。

もし、授業映像や解説映像に自分の授業を代用させているなら、授業技量はいつまでも向上しないことになります。常識的な授業技術すら身につかないままになるのです。

# 34 授業力を劇的に向上させるカギは、「定石」の理解

## 授業方法を、どういうときに、どんな理由で使うのか

若いF先生は、授業改善のため、多くの授業方法を知ろうと努力していました。

書籍で調べたり、先輩教師に教えてもらったりして、授業方法の工夫を集めました。

様々な研修会でも授業方法の工夫を学び、ノートなどに記録していきました。

その結果、多くの授業方法を知ることができました。授業もずいぶんと改善されてきたように感じました。ただし、F先生には新たに悩むことができました。

それは、各授業方法をバラバラに理解していたことです。つまり、それぞれの授業方法がどう関係しているのかまで理解できていなかったのです。

また、「授業方法を、どういうときに、どんな理由で使うのか」に関しても、理解が不十分だと感じていました。

例えば、F先生は先輩教師から「思考場面を用意しなさい」と繰り返し教えられてきま

した。F先生が教師になった時代、「思考力を養うことこそ重要だ」という主張が声高にされていたからです。

この授業方法を教えられた後に、F先生には逐一わからないことが出てくるのです。

1 何を思考させたらよいのか。思考場面とはどういう場面なのか（方法の意味内容）

2 思考場面を用意するため、具体的に何をどうすればよいのか（具体的な教育行為）

**3 授業方法をいつ、なぜ、どのように使えばよいのか（定石）**

わからないことが次々出てくるので、さらに先輩教師に尋ねます。すると、1と2に関しては、教えてくれるのです。

1は、「学習内容の中核にあたる課題を思考させたらよい。意見の分かれる問題は、よい課題であることが多い」「思考場面には、個人で思考させる場面と、集団思考の場面がある」といったように説明してくれます。

2も解説してくれます。「思考場面を用意するには、教えるところと考えさせるところを区別しなさい」「まず教えて、次に考えさせなさい」といった具合です。

ただ、3に関しては、教えてくれる人が皆無なのです。F先生には3がわからず、それゆえに、他の授業方法との関係もわからず悩んでいたのでした。

## ≫「定石」まで理解する意識をもつ

ひと口に「「授業方法」といっても、そこに含まれる内容は多岐にわたります。本章冒頭でも示した通り、拙著『本当は大切だけど、誰も教えてくれない　授業デザイン　41のこと』では、次の4つの要素があることを示しました。

**①授業技術　②授業内容・教材　③授業展開　④システム・形態**

ここで、注意すべきことがあります。それは、授業方法は単純化して伝えられる場合が多いということです。単純化した方が特に若手教師には伝えやすいからです。

例えば、「思考場面を用意しなさい」「子ども同士の交流場面を用意しなさい」「教えた内容を出力する場面を用意しなさい」といった具合です。

「○○するために、○○をしなさい」と目的まで教えてくれる場合もありますが、多くは「とにかく○○をしなさい」と、単純化された手立てだけを教えられます。

単純化された手立てだけ教えられても、理解は浅いままにとどまります。

知識を使いこなす技能にまで高めるには、例（p.213）の2の知識が必要になります。つまり、**「具体的に何をどうすればよいか」に関する知識**です。もう少し詳しく、具体的な「教育行為」として知る必要があるのです。

ただし、2の知識を知っても、まだ不十分です。さらに、3の知識が必要になります。**「授業方法をいつ、なぜ、どのように使えばよいのか」という知識**まで知らないと、理解は深まりません。この中には、どういう目的でこの授業方法を使えばよいのかに関する知識も含まれます。

この3の知識は、**「定石」に関する知識**です。定石は、力のある教師しか理解できていませんし、ある程度経験を積んだ教師でないと理解できないことが多いのです。よって、若手教師には単純化された手立てだけ教えられることが多いわけです。

ただし、単純化して教えられるだけでも、かなり授業は変わります。例えば「子ども同士の交流場面を用意しよう」と思い、交流場面を取り入れるだけで授業は変わります。これはまだ、とにかく授業方法を使ってみる段階です。それでも授業は格段によくなります。

しかし、まだ教師の理解は不足しています。

どうしてこの授業方法が大切なのか、いつ、なぜ、どのように使えばよいのかは深く理解できていません。また、授業方法同士の関係も理解できていません。

そこで、授業方法を使う際、「定石」まで理解しようと教師が意識することが大切になります。ベテランに教えてもらう際には、「定石」まで教えてもらう必要があります。

また、**ある授業方法を使ったら、他の授業方法との関係も考えてみることも大切です。**

例えば、小学1年の国語で、「きれいな漢字を書く」指導で考えてみましょう。

「はねやはらい、間隔、バランスなどに気をつけて書きなさい」と教える場面です。

まずは書き方を教えます。「美しい漢字とそうでない漢字が画面に出てきます。どちらが美しい漢字ですか」と尋ねます。子どもたちは「こっちの方が美しい！」と口々に言います。そして、子どもたちは画面を見比べながら、なぜ美しいのかを発表します。

こうして書き方を教えたら、続いて、書かせる場面を用意します。教えた内容を子どもに出力させることで、教えた内容の理解度を教師は確認できます。また、子どもたちは自分で書いてみることで、教えてもらった内容をもう一度確認できます。

そして次のように指示します。「隣の人と見せ合います。美しく書けていたら花まるをつけてあげましょう」。こうすると、子ども同士の交流場面が用意できます。友だちの評価をするのですから、教えてもらった内容を振り返りながら、慎重に採点しようとします。

しかも、なぜ花まるなのか、相手に説明しないといけません。教え合いが自然と発生します。この教え合いの場面もまた、教えた内容を出力させる場面になっています。教師は、子どもたちが本当に理解できているのか、ここでも確認することができます。

では、この授業で使用された授業方法を振り返ります。

随所に「思考場面」を用意できたので、普段は授業に集中しない子が、漢字の映像を食い入るように見ていました。さらに、「出力場面を用意する」と「交流場面を用意する」という2つの授業方法もありました。思考場面とあわせて、この3つは互いに関係しています。交流場面もまた、教えた内容を出力する場面になっているからです。しかも、出力場面や交流場面を用意することで、思考場面を確保できることもわかりました。

さらに、思考場面を用意するには、最初に教える必要があることもわかりました。教えてから思考させ、続いて出力させ、交流させたらよいという順序もわかったのです。

こうして、3の「定石」、つまり「授業方法をいつ、なぜ、どのように使えばよいのか」がわかってきました。また、別々の授業方法が関係していることも理解できました。

**ある授業方法に関する「定石」を学ぶと、他の授業方法に関する「定石」もよく理解できることがあります。**各授業方法の関係に気づけると、理解は一気に深まります。

# 35 「いいとこ取り」は、悪いことではない

**特定の方法以外を選択できないことの不自然さ**

若いＩ先生は、様々な教育研究会に参加していました。

Ｉつに絞らなかったのは、多様な考えをバランスよく学びたかったからです。

さて、ある研究会では、次のことがスローガンのように繰り返し言われていました。

「いいとこ取りはダメだ」「研究会の実践をそのまま忠実に行いなさい」

このように、**優れた実践をそのまま真似することが推奨されていた**のです。

これには研究会の性質も影響していました。つまり、当時の研究会では、その研究会の理論や実践を世に広めるよう会員に働きかけることが常だったのです。

しかし、Ｉ先生は大きな違和感を覚えていました。ある特定の理論・実践を全肯定し、しかも、それを広めるよう行動することは研究会の本来の趣旨とは異なると感じたからです。研究会とは本来、自由に実践を行い、批判も含めた意見交流を行うべき場だからです。

若いI先生が困ったのは、自分の所属する学校でも、似た現象が見られたことです。「これからの時代、この授業方法が大切です」と、特定の授業方法を取り入れるよう管理職から強く言われていたのです。例えば、「算数では、解き方を考えさせる時間を20～30分確保し、思考力を養う『問題解決学習』を取り入れなさい」といった具合です。教育委員会の推奨もあり、学校の全教員が同じ授業方法を取り入れていました。

若いI先生は、「そもそも、教育方法（授業方法）を指定するのはおかしい」と感じていました。学習指導要領でも、目標と内容は明記されていますが、方法は明記されていません。それは、授業方法は、各教員の創意工夫に任されているからです。

ある研究会の教師は言いました。「この研究会で推奨している授業方法はそのままやらないといけないよ。そのままやって効果を発表し、広めることに意味があるのだから」

管理職は言いました。「この学校では、全員が教育委員会推奨の授業方法に取り組んでいる。だからI先生だけ勝手なことをやってはいけないよ」

I先生は、子どもにとって価値ある授業方法を状況に応じて教師が選択すべきと考えていました。それでこそ子どもの実態に沿った授業になり、資質・能力を伸ばせると考えたからです。様々な授業方法を学び、教師の主体性でよいものを選択すべきと思ったのです。

## ≫ 自らの主体性で授業方法を選択することから始める

「いいとこ取り」とは、様々な物事から長所を取り出し、それらを組み合わせて利用することを意味します。

「いいとこ取り」はダメなことではありません。むしろ、様々な授業方法のよさを抽出し、子どもの実態に合わせて工夫・改善していくのはすばらしいことです。

無論、私たち教師は、特定の理論や実践を広めるために、授業をしているわけではありません。教師は、「運動家」ではないのです。

また、学校全体が同じ授業方法を採用しているのも不自然です。なぜなら、授業方法は、手段でしかないからです。**手段は目的に合わせて最適のものを選択すべき**です。目的は子どもの資質・能力を伸ばすことです。効果的に伸ばす手段を臨機応変に選択すればよいのです。

例えば、「協働性を高めたい場面」「基礎・基本を習得させたい場面」「思考力を育てたい場面」では、それぞれ効果的な授業方法が違っているのが当然です。

また、子どもの実態によっても、選択すべき授業方法は変わります。学力差があるなら、各自が課題を選択する学習を取り入れてもよいでしょう。全体的に学力の高い学級なら、チームで課題を設定して探究させる学習を取り入れてもよいでしょう。

そもそも、「個別最適な学び」にしようと思ったら、授業方法は柔軟に変化させる方が望ましいのです。学校教育における授業は、幅広い資質・能力を育てることを意図して行うものです。育成したい資質・能力に合わせ、様々な授業方法を選択すべきです。

I先生のように、「いいとこ取り」を行うことで、より効果的な手段を選択できるようになります。つまり、**子どもの実態への「最適化」ができるようになる**のです。

それだけではありません。様々な授業方法を学ぶことで、幅広い授業のやり方や考え方を理解できます。授業方法に関する情報が蓄積されるほどに、**それぞれの授業方法のよいところを生かして「工夫・改善」を加えることができるようになります**。

やがては、学んだ授業方法の型から離れ、新しい授業方法を開発できるようになります。授業力が高まっているので、これまでとは違った授業方法を試行錯誤するのも容易になるからです。こうして、**新しい授業方法の「開発」をもできるようになる**のです。

ただし、1つ気をつけるべきことがあります。それは、**修業法という面から見ると、先**

**行実践をそのまま真似することが効果的な場合もある**ということです。

どんな修業も**「守・破・離」**の順番で進みます。授業力もこの順に高まっていきます。最初の段階は「守」です。この段階では、自分がよいと思えた先行実践を真似することから始めます。そのまま真似してやってみると、授業方法の優れている点を実感として理解できます。「真似する」という段階では、自分が気に入った先人の授業方法を真似することになるので、ある特定の授業方法を集中的に真似してよいのです。

真似することで、その授業方法に精通できます（学ぶの語源は「真似ぶ」からきています）。特定の授業方法について理解すると、理解した授業方法との比較で、その他の授業方法も理解できます。こうして、様々な授業方法のよさを学び、「いいとこ取り」をしながら、授業を工夫・改善できるようになるのです。つまり、「破」の段階に進めたのです。

やがては、これまでとは異なる新しい授業方法を開発できる「離」の段階に進めます。

このように「守の」段階では、自分が気に入った授業方法をそのまま真似することが効果を発揮します。修業法という視点では、間違っていないのです。ただし、**「自分が気に入った」という自らの主体性をもって選択することが大切**になるのです。

# 36 学びながら、かつ言語化しなければ、反省すらままならない

**頭で反省するだけでは授業改善につながらない**

若いU先生は、放課後になると、今日一日の授業の反省をしていました。子どものノートや提出物を見ながら、教室で一人授業を振り返るのです。

「あの発問はよくなかった。あの展開だと、学力低位の子はついていけなかった」

「学習内容が簡単過ぎた。できる子は退屈していた。内容を吟味すべきだった」

「ゆっくりペースの一斉授業は学びが浅い。課題やペースを個々に選択させるべきだ」

このように、授業後にはしきりに反省が浮かぶのです。若手ということもあり、授業が心からうまくいったと思えることはあまりありませんでした。

日々、様々な反省が頭に浮かぶものの、言語化して記録に残すことはしていませんでした。なぜなら、**頭で反省しているので、それで十分学びになり、授業改善につながると思っていた**からです。

ある日のこと、先輩教師から、「授業の反省を言語化し、記録に残した方がよい」と教えられました。そこでさっそく、授業の反省をノートに書いてみることにしました。

例えば、「あの発問で子どもが反応しなかったのはなぜか」と考え、考えた内容を記録してみたのです。不思議なことに、言語化した内容を記録していると、以前よりはるかに詳しく分析できるのでした。「どういう発問なら反応したのか。別の問い方はできなかったか。だれが反応し、だれが困っていたのか。子どもは何がわからなかったのか。予備知識がないと答えられなかったのか。教師が正解を求めたから安心感がなくなったのか」

このように、次々と様々な角度から振り返ることができるのです。

例えば、「学習内容が簡単過ぎた」という反省をしたなら、これまでは、「次から内容を難しくしよう」と一つの反省しかしていませんでした。しかし、言語化するようになり、他の方法も思い浮かぶようになったのです。

「『個別最適な学び』になるよう、理解できた子にだけ、難易度の高い別課題を与えた方がよい」「理解できた子には、わかりやすい説明を考えさせたり、プレゼンをさせたりして、別活動をさせたらよい」「内容が簡単であっても、子どもが重要だと思っていない知識に気づかせたら、深い学びになる」といった具合です。

## 〉学びながら反省を言語化する

授業の反省を言語化して記録していると、不思議と思考が深まります。

効果的なのは、**授業がうまくいかなかった場面を切り取る**ことです。特に、子どもが「わからない」と言った場面があれば、そこを切り取って反省を言語化してみるのです。

ある年、6年生の算数で、算数の苦手な子を集めたクラスを担当しました。習熟度別システムが採用されており、算数が嫌い、苦手、学力低位の子が集まっていました。

このクラスでは、「先生、わからない!」と訴える子が多くいました。少しでも「できない・わからない」と感じると、私に訴えてくるのです。そのたび私は「ドキッ」としていました。なぜなら、私の教え方が悪かったことを意味しているからです。

またこのクラスでは、「そもそも論」を訴える子も多くいました。6年生なのに、「そもそも、わり算って何ですか?」などと授業中に声が上がるのです。そこで、わり算の意味を考えさせたり、もう一度確認したりしないといけなくなるのです。

「そもそもわり算って何?」「わられる数とわる数はどうやって決まるの?」などと尋ね

られると、教師でも少し考え込んでしまいます。わり算には様々な意味（例えば、等分除、包含除）があるからです。

これが分数のわり算になると、さらに質問が多くなります。「分数でわるって、どういう意味？」「単位量あたりと、割合の違いは何？」などと質問が飛んでくるのです。

私は日々、どう教えたらわかってくれるか悩んでいました。授業の反省の際、どう教えたらよいのか、日記の形で言語化するようにしていました。例えば、「まず整数の文章題に直して解かせ、わり算の意味を再度考えさせよう」などと、反省を書くわけです。

ところが、次のように、整数の問題に直してもわからない子がいるのです。

「水道の蛇口を少し開けておくと、3時間で12ℓの水がむだになります」

（1）1時間で何ℓの水がむだになりますか。

（2）1ℓの水がむだになるまでに、何分かかりますか。

特に、（2）の問題がわからないと訴えます。式としては、「180分÷12ℓ＝15分」で求められます。整数のわり算は、小学3年で学習します。しかし、わからないと子どもたちは口々に訴えます。そこで、次のように言い換えてみました。

「180分で12ℓ出る水道があります。1ℓ出るのに、何分かかりますか」

これで、15人中７人はわかったと言いました。しかし、残りの８人はピンとこない様子です。ちなみに、（１）は15人中12人がわかると言いました。

ここから私の反省と、教え方の試行錯誤が始まります。

「単に、問題文の意味がわかっていないのか？」

「単に、算数において、単位量あたりの答えを出すという『問題の状況・背景』（＝文脈）がわかっていないのか？」

「ひょっとすると、わり算の種類として、単位量あたりを求めるわり算と、割合を求めるわり算があり、その意味がわかっていないか、混同しているのか？」

このように、あれこれと反省し、様々な方法で教えてみるのです。

例えば、例題を多数解かせているうちに、理解できた子がいました。

問題文の意味や状況（文脈）を詳しく説明していると、理解できた子がいました。

「立式の型」を用意すると理解できた子がいました。「ℓを時間でわると、１時間あたりのℓが出る」「時間をℓでわると、１ℓあたりの時間が出る」と教えたのです。

自分で文章題をつくるよう促すと、理解できた子もいました。

ものすごく簡単な、２・３年生程度の問題にしないと理解できない子もいました。また、

「答えを□と置いたかけ算」に直すと理解できる子もいました。

だれかにわからないことを説明しているうちに理解できた子もいました。

私は反省を記録しながら、「子どもによって、理解の仕方、学び方がこうも異なるのだな」と感じる毎日でした。そして、子どもの「わからない」「そもそも論」に耳を傾けながら、試行錯誤を続けていきました。

単位量あたりの大きさを先に教えておかないと割合の考え方を理解させるのは難しいとか、単位量あたりの大きさと割合の考え方の違いを教えるために「ある量を1とすること」「量の相対的な関係を表すこと」という割合の概念を再確認しないといけないとか、そういうことを反省していきました。

例えば、次のように教えると、「わかった」と答える子がいました。

「Aさんは、バスケのシュートを12本打って、8本入れることができました」

「Bさんは、シュートを8本打って5本入れることができました」

「どちらがシュートがうまいかを比べます。12÷8をすると、何が出るでしょうか」

「8÷12をすると何が出るでしょうか」

このように、わる数とわられる数を反対にしたときに、答えとして何が出るかを考えさせたのです。ある子は、「どっちでわってもいいんだ！」と驚きの声を上げました。

こうして、どちらも計算させ、「シュート1本あたりのゴール数」か、もしくは「ゴール1本あたりのシュート数」が出てくることを教えたのです。もちろん、一般的なのは、シュート1本あたりのゴール数です。続いて、「割合」の意味を再度確認しました。

「12÷8をすると、1・5という数字が出てきました。これは、『ゴール1本あたりのシュート数』以外に、どういう意味がありますか」

割合は学習済みなので、改めて考えさせることにしたのです。1・5という数字は、ゴールした数全体を1と見立てたときに、シュートの数が1・5になっていることを意味します。これが割合の見方です。一般的には、シュートの成功率（割合）を百分率（％）や歩合（○割○分○厘）で表すことが多いので、あえて反対の方で考えさせたわけです。

割合は、「相対的なものの見方」なのだということが少しでも理解できればと思い、あれこれと授業を工夫したわけです。

さらに、「そもそも1と見立てるの『1』とは何ですか」などと「子どものそもそも論」にも耳を傾け、改めて考えさせるようにしていました。

このように、子どものつまずき・悩みなどから反省を言語化し、工夫を考え、試行錯誤を続けているうちに、授業方法が徐々に身についていったのです。

さて、ここでもう1つ大切なことがあります。それは、**学びながら反省を言語化する**ことです。つまり、「割合」の教え方がわからないなら、「割合」の内容を学んだり、授業方法を新たに学んだりしながら反省をするのです。例えば、「割合」には、異種の関係を考える「異種量の割合」と、同じ種類の関係を考える「同種量の割合」があります。この割合の種類を学ばずして、教師が自然と気づくのは難しくなります。

学ぶことではじめて、「異種量の割合」と「同種量の割合」があるのだなとわかります。そしてそれに重要性を感じることができます。重要性を感じるからこそ、反省の視点をもつことができます。そしてようやく反省ができるわけです。**学びながら反省しないと、反省すらままならない**のです。

よって、「反省していれば教師力が高まる」という主張は間違いです。**学びながら、かつ反省を言語化する必要がある**のです。幅広い授業方法を学び、教科の専門的な内容を学ぶからこそ反省ができるのです。また、反省を言語化することで反省が深まります。つまり、学ぶことと、言語化することの2つが大切になるのです。

# 第7章

## 本当は大切だけど、
## 誰も教えてくれない

# ［教師の姿勢］
# 6のこと

# 37

# わずかな教材研究の有無が、大きな授業の質の違いを生む

**同じ指導プランでも、教師によって伝わり方が違う**

若いA先生は、様々な教科等の指導案を、教師仲間でつくる研究活動を行っていました。算数や理科、国語、社会、外国語、道徳、総合的な学習の時間、学級活動などの指導案を、各教師がまずは1人で考えます。

そして20人程度の教師が集まり、指導案の検討を行います。仲間の前で模擬授業も行います。この時点で、発問、指示、説明、展開、教材、学習環境、子どもの活動、ICTコンテンツなどを検討します。検討会では、毎回多くの改善意見が出されました。

検討会後、指導案を修正し、各教師が実際に子どもたちに授業をします。授業後に、各自が成果と反省を報告します。この報告会で、再度全員で指導案を吟味し、よりよいものに修正します。完成した指導案とICTコンテンツは、教師仲間に配付されます。

続いて、本人以外の教師が、指導案とICTコンテンツを使用して、自分の教室で実践

します。つまり、「追試」してみるのです。そして、追試した結果と反省を報告します。こうして、追試を通してさらによりよい授業に改善していくのです。

教科横断的な内容も多く扱い、環境問題や伝統文化、国際理解、人の生き方に触れる学習など、様々な分野で指導案を考えました。ICTコンテンツも多数作成しました。

指導案は、だれでもそのまま追試できるよう、教師の発言をすべて文字に起こしていました。発問や指示、説明のタイミング、コンテンツを動かすタイミング、予想される子どもの反応なども事細かに記載したのです。

その分野を何年も専門的に研究していた教師もいて、充実した指導案が集まりました。指導案の数は、1年で30~50ほど蓄積されました。数年にわたって続けたので、指導案はかなりの数になりました。ICTコンテンツも数多く作成されました。授業をそのまま追試でき、ICTコンテンツもあり、しかも充実した内容なので、子どもたちはよい反応を見せました。道徳では、子どもたちが口々に「今日の授業は感動した」と言いました。洗練された指導案のため、そのまま追試するだけでよい授業になるのです。

あるとき、その道徳の指導案をつくった本人のC先生が、A先生の見ている前で授業を行うことになりました。A先生は、自分の学級と同じような反応になるだろうなと思いながら見ていました。

　ところが、明らかに学習者の反応が違いました。みな食い入るように授業に集中しているのです。C先生の話すひと言ひと言を真剣に聞いているのです。C先生の言葉の一つひとつが、重みをもって心に響くことをA先生自身も体感し、驚きました。

　C先生が作成した指導案ですから、C先生の思いの強さが指導案に乗っているのです。だから発問１つ、説明１つとっても、言葉の重みが違ったのでした。

　そして、教室には感動が大きく広がった感じがしました。何度も授業を追試しており、授業展開も、子どもの活動内容もすべて知っているA先生ですら、感動を覚えました。教室はシーンと静まりかえり、学習者も参観者も、感動に浸っているのがわかりました。学習者はみな、深い学びに到達していたのです。

　ここでA先生は、はたと気づきました。それは、指導案をつくったC先生と、それを追試している（真似しているだけ）のA先生とでは、教材研究の厚みが違ったのです。だから教師の言葉の重みや態度、表情などに違いとしてあらわれたのです。結果として、子どもたちの学びの違いが生まれたのでした。**教師の教材研究が浅いと、子どもの学びに影響が出る。**このことにA先生は気づくことになったのです。

## ≫ 3つのカテゴリーから教材研究を捉える

まったく同じ授業案でも、だれが授業するかによって、子どもの反応が変わります。

このことは、A先生に大きなショックを与えました。発問、指示、説明、展開、教材、学習環境、子どもの活動、ＩＣＴコンテンツすら同じにしても、子どもの反応は違ったのです。

影響を与える大きな要因として、**「教材研究の厚み」**が関係しています。

追試（真似）だけでも、一定水準の授業はできます。よい指導案だと、80点ぐらいの授業はだれでもできます。80点ですから、よい授業と言えます。多くの子は深く学べます。

しかし、それ以上を目指すとなると、自分でも教材研究をしておく必要があるのです。例にあるように、子どもへの影響が違ってくるからです。教師の表情、態度、自信、教師の学習内容への思い入れ、口調などで、子どもへの伝わり方が変わってしまうのです。

追試を行うことで、よい授業ができます。また、追試を行うことで教師の授業力も向上します。ここで言いたいのは、追試に加え、教材研究もしたいということです。

追試をしながら、ほんの少しでよいので、自分でも**「教科内容」「教材」「授業方法」**を調べたいのです。なお、この3つのカテゴリーは、それぞれ意味する内容が異なります。「教科内容」は、学習させる内容自体を調べることを意味します。「教材」は、資料や映像、実物、実験器具など、教育効果を高めるために用いる材料を意味します。「授業方法」は、どういった教え方が効果的なのかという手立てを意味します。

これら3つのカテゴリーを意識して、教材研究をしたいのです。最新の研究成果を調べることも大切です。すると、授業の工夫を新しく思いつくことがあります。

例えば、歴史の授業で考えてみます。小学6年の社会科で「江戸幕府がゆらいできたこと」を教える場面があります。ゆらいできた理由は様々あります。人口増加や飢饉、天災、政治の腐敗・失敗、幕藩体制の構造のゆらぎ、階層格差の広がり、新しい思想や学問の登場、各地の乱や百姓一揆、打ちこわし、差別された人々の一揆などです。

普通は、江戸幕府がゆらいできた要因を一つひとつ解説する授業になります。一つひとつの要因を示し、丁寧に背景を説明し、理解させる授業です。理由が様々あるため、どうしても説明調の授業になります。子どもたちは教師の話を聞いているだけ、解説映像を見ているだけになることがよくあります。

どこから教えたらよいのかも悩みます。子どもが興味をもつ切り口を考えなくてはなりません。

しかし、教材研究をしていると、授業の工夫が思いつくようになるのです。

例えば、「江戸時代は平和な時代だったと言われています。ところが、江戸時代の末期にはこんなことが起きました」と言い、打ちこわしや一揆、大塩平八郎の乱などの資料を提示します。打ちこわしや一揆の数が急増しているグラフや大塩平八郎の事件に触発された各地の乱や騒動を紹介します。子どもたちは一様に驚きます。

こうして、ある程度の情報を蓄積させた後で、「疑問に思ったこと、調べたいことを書いてみましょう」と指示します。

すると、「どうして幕府の役人が反乱を起こしているのだろう」「町の人も農村の人も、両方で乱や騒動を起こしているのはなぜだろう」などの意見が出ます。

教科書や資料に、当時の江戸時代の出来事が載っています。「このような出来事が起きた理由を探してみましょう」と指示します。

当時の主な出来事で、興味のある内容に関して調査するチームをつくります。そしてチームで詳しく調べるように言います。チームで調べ学習した情報は、発表し合って共有します。江戸幕府がゆらいできた原因が徐々にわかってきます。

各チームで調べた内容を発表し合うので、教師の説明は減ります。教師が説明しないといけないところがあっても、教材研究をしていますから、言葉を削って端的に説明ができます。また、言葉に重みが加わるので、単調な説明にならず、子どもたちは退屈せず聞いていられます。

また、教材研究をしているため、臨機応変に対応できるようになります。子どもに活動を任せたとしても、「もう少し説明が必要だな」「この発問を加えてみよう」「こんな活動を加えよう」などと、柔軟な対応ができるのです。

そして、**臨機応変に対応できる自信があるからこそ、子どもの活動を中心に置くことができます**。子どもの活動を中心にできるのは、「ここは子どもたちで解決できる」「ここは教師が説明をしておかないといけない」といった判断ができるからです。

このように、教材研究によって、よりよい授業が思いつきます。また、教師が子どもに与える影響も変わってきます。そして、柔軟に対応しながら授業できるようになります。

優れた指導案は数多くありますが、「さらによい授業にしよう」「さらに授業力を向上させよう」と思ったら、少しでよいので自分で教材研究をしておく必要があるのです。

# 38 教師は無意識下に自身がもつ「授業イメージ」通りに授業をしている

## 教師自身が楽しいと思って授業をしているか

若手のＥ先生は、授業に対して自分なりのイメージをもっていました。

そのイメージは、いわば伝統的な授業イメージと言えるものでした。

「授業とは、教師が一斉に進めるもので、子どもが足並みそろえて学ぶ場である」

「授業とは、正解となる知識を、教師が初学者に伝達する場である」

「授業とは、知識・技能を、反復練習によって習得させる場である」

こんなイメージをもっていたのは、Ｅ先生自身が同様の授業を受けてきたからでした。

さて、Ｅ先生は研修会で同年代の教師と学ぶ機会がよくありました。同年代の教師のもつ授業のイメージも、Ｅ先生と似ていました。同年代の教師もまた、自分が子どもだったころに同じような授業を受けてきたからです。

教師になってしばらくして、Ｅ先生はあることに気づきました。それは、**無意識のうち**

に、**自分自身のもつ「授業イメージ」通りに、自分が授業を行っている**ことです。

E先生には、「授業は楽しいもの」「授業は知的興奮があるもの」といったイメージはありませんでした。また、若い教師が集まる研修会でも、このような授業イメージが出ることは皆無でした。

そして、不思議なことに、教師がそういうイメージだと、子どもたちも退屈そうに「授業、嫌だなぁ」などと言っているのです。「子ども自ら学んでほしい」という教師の思いに反して、子どもの主体性はなかなか高まらず、子ども主体の学習はできません。

さて、授業に悩み始めてしばらく経ったある日、E先生は、力があると評判の教師の授業を見る機会を得ました。研究会の授業公開だったので、その日だけで10人以上の授業を参観できました。そこでE先生は衝撃を受けることになったのです。

というのも、授業はどれも知的で、子どもたちが楽しそうに学んでいたからです。E先生自身も頭を使って考えさせられ、時間を忘れてしまうほどでした。

授業後の検討会で、授業者は、異口同音に語りました。「授業は知的で楽しいものでなければ、子どもは自分から学ぶようにならない」と。その言葉には、説得力がありました。

何といっても、E先生自身が、授業は楽しいとはじめて思ったのです。授業が知的で楽しいからこそ、子どもたちも進んで学び、討論し、課題を協働で解決しようとしたのです。

「授業は知的で楽しいものだ」というイメージをもつと、E先生の授業に対する気持ちも変わってきました。知的で楽しい授業を心がけるようになり、その結果、教師自身が授業をつくることや行うことが楽しいと思えてきたのです。学習内容に興味・関心をもって調べるようにもなりました。

そして、「知的好奇心を満たす工夫」「心理的な盲点に気づかせる工夫」「討論を生じさせる工夫」などを考えるようになりました。工夫を考えること自体が楽しくなってきました。授業を工夫することに楽しみを覚えるようになると、不思議なことに、授業の雰囲気もガラッと変わりました。子どもたちも授業が楽しいと言うようになったのです。

そして授業を楽しそうに行う教師を見て、子どもたちも家で課題を調べたり、授業中に疑問や調べたいことを発表したり、意見の食い違った点を討論で深め合ったりするようになったのでした。チームを組んで難しい課題にも協働で解決するようにもなりました。

子どもに自ら学んでほしいと願っていたころは、子どもは自ら学ぼうとしてくれませんでした。しかし、E先生が知的な授業をつくろうと思い、学習内容に興味・関心をもち、楽しんで授業をつくるようになると、子どもたちは自ら学ぶようになったのです。

## 》教師自身も知的好奇心のある学び手になる

小学6年の社会科で、「邪馬台国はどこにあったか」を学ぶ授業を行うとします。この授業で、「畿内説や九州説があります」と教師が教えるだけで終われば、子どもたちは知的で楽しい授業とは感じません。

そこで、『魏志倭人伝』を簡単にしたものを配り、実際に地図でなぞってみるよう言います。すると、とんでもないところに到着してしまいます。

方角の間違いや距離の換算の間違いなどがあったことを伝え、もう一度地図でなぞらせます。今度は、同じところに着きそうなものですが、子どもによってバラバラの場所に着きます。「水行」何日、「陸行」一月といった曖昧な箇所があるからです。そこで、どこに到着したかを情報交換させます。さらに、学者の説を提示します。卑弥呼の墓と言われている場所、鏡の出土数なども教えます。そして自分なりの考えを話し合わせます。

話し合わせる前に、次のように言います。「先生も場所を知りたいのです」。そして、本当に教師がこの学習内容に興味・関心をもっているとします。

すると、**子どもにも教師の知的好奇心が伝播する**のです。白熱した討論になり、家でも自主学習をしてくる子が出てきます。また、休み時間に討論の続きを行う子もいます。

指導案があれば、同じ授業ができます。しかし、**同じ授業でも、教師が授業を楽しんでいるか、知的好奇心をもっているか、教師も答えを明らかにしたいと思っているか否かによって、子ども集団の雰囲気は大きく変わる**のです。教師の思いや熱意が子どもに伝わり、そして子どもも授業を（学習を）、楽しめるようになるのです。

ここでのポイントは、**教師は自分がもっている「授業イメージ」通りに授業をしている**ことです。無意識のうちに、そうなってしまっているのです。だから、もしも「授業は知的に楽しいものである」というイメージを教師がもてば、自然と授業を楽しいものに工夫するようになるのです。授業には様々なやり方があります。様々な授業方法を学び、授業に対するイメージを豊かなものにしていく必要があります。

そしてもう1つのポイントは、**教師が授業に対してもつイメージが、子どもに伝播する**ことです。授業が楽しいという教師の思いが、授業を通して、子どもに伝わるのです。

理科教育の世界では、「理科嫌いの教師が、理科嫌いの子どもを育てる」という言葉があります。これは本当にその通りで、この逆もまた真なりなのです。

# 39

# 授業方法を工夫・改善するカギは、教師の主体性

## あらかじめ決められた授業方法

あるベテラン教師は、自分の所属する研究会のやり方にこだわっていました。所属する研究会の授業方法こそがよいのだと、若いB先生にも強くすすめてきました。

B先生は、授業の内容や子どもの様子を見て、様々な授業方法を試していました。状況に合わせ、臨機応変に授業方法を変えることが大切だと思っていたからです。

しかし、ベテラン教師は、B先生の授業を見て、「その授業方法はよくない」と指摘することがありました。ベテラン教師と異なる方法を認めないのです。同学年を組んでいたこともあり、B先生は大変なやりにくさを感じていました。

同じようなことは、B先生が赴任した他の学校でもありました。特定の授業方法を行うよう管理職から強く言われたのです。その授業方法は、赴任した学校全体で行われていました。全員やっているのだから合わせなさいと言われたのです。

例えば、国語の物語の読解では、子どもに文章を読ませ、子どもに問題を発見させる手法が取り入れられていました。そして、物語の解釈を全員で話し合わせるのです。

ところが、子どもは文章の表面上の情報しか読み取ることができません。類推して考察するという高度な読解ができないばかりでなく、大切な言葉すら無視しているのです。

「大切な言葉に気づけない」「大切な文脈に気づけない」といった子どもの事実を目の当たりにしたB先生は、「大切な情報に子どもが気づけない場合、教師が教えたり気づかせたりした方がよい」と校内研修会で発言しました。ところが、「そんなやり方は行っていない。子どもが気づいた範囲の問題を扱えばよい」と強く注意されてしまったのです。

B先生が公開研究会の授業者になったときには、せっかく自分で考えた国語の指導案が、「学校の推奨している授業方法ではない」と、すべて赤で書き直されたのでした。

「新時代の教育はこの授業方法こそがよい」「これからの時代、この新しい授業方法を取り入れていく必要がある」といったことをどの人も自信満々に主張するのでした。

B先生が不思議だったのは、「この授業方法こそがよい」と主張する人たちは、**自分が推奨する授業方法を批判したり改善したりしようとは決してしない**ことでした。いわば授業を選択する、工夫・改善する、創造するといった「主体性」が感じられなかったのです。

## ≫ 自分の頭で考え、よりよい授業方法を主体性をもって探す

だれかの実践の追試を行うのは悪いことではありません。だれかにすすめられた授業方法を一度試してみることも悪いことではありません。

先人は優れた実践を残しています。例えば、逆上がりの指導や水泳指導などは、すでに効果的な指導法が開発されています。ですから、まずはよい実践を**選択**して追試から入り、子どもに合わせて**工夫・改善**を考えていけばよいのです。時には新しい授業を**創造**することも必要になります。

この例における問題は、「ある授業方法がよい」と盲信してしまい、疑いの目をもっていないことです。優れた指導が確立されていても、100点とは限りません。さらによい方法があるかもしれません。また、子どもの実態によっては、別の授業方法が効果を発揮する場合もあります。よって、選択や工夫・改善、創造を続けていく必要があるのです。

ここで大切なのは、**教師としての主体性**です。

ビジネスの世界で伝わる、ある有名な失敗談があります。それは、企業コンサルタント

に依存した経営者の話です。経営者は自分の会社運営に自信がなく、コンサルタントの言う通りに経営を進めていました。経営が上向きになったらコンサルタントに感謝し、下向きになったら文句を言っていました。やがて、不況の波がきて、コンサルタントは臨機応変に対応できず、会社はつぶれてしまいました。ここに至っても経営者はあのコンサルタントが悪いのだと毒づいていたというのです。

この話の肝は、社長がコンサルタントに依存し、自らの頭で考えることを放棄している点です。私たち教師もこの事例から学ばなくてはなりません。**自分の頭で考え、よりよい授業方法を主体性をもって探っていかないといけない**のです。

推奨された授業方法を試してみるときも、依存や全肯定するのではなく、「他にもっとよい方法はないだろうか」と考えるのです。不思議なことに、工夫・改善するという意識でいると、その授業方法の弱点にも気づくものです。

いずれは、自分なりに新しい授業を創造し、成果を上げられるようになります。

だれが推奨していようと、授業方法は手段に過ぎません。取捨選択するのも、工夫・改善するのも、教師の主体性で決めたらよいのです。

# 40 全体指導だけで「教えた気」にならない

**本当に届けたい子どもに指導が行き届いているか**

若いF先生は、40人近くの学級を受けもっていました。学級の人数が多いこともあり、一人ひとりに目を向けることの困難さを感じていました。個別指導する時間も余裕もなく、集団への一斉指導だけで精一杯だったのです。

ただし、全体に指導しながらも、一番聞いてほしい子、一番改善してほしい子に対して話すようにしていました。一番伝えたい子の目を見ながら、その子に語りかけるように一斉指導をしていたのです。「個別に改善点を指摘すると、ショックを受けるだろう」という配慮の意味もありました。

ところが、**最も話を聞いてほしい子、改善してほしい子に、教えた内容が届いていない**のです。肝心の本人が、「自分事」として聞いていないからです。

逆に、現状でもよくがんばっている子がさらにがんばり始め、結果として、よくがんばっている子が改善を重ねて成長するのに対し、一番改善してほしい子は「自分のことではない」と思って改善せず、差は開くばかりでした。

特に、作文や音楽の合奏、体育の表現や陸上競技など、技能系の学習では、顕著にその差があらわれました。全体に向けて指導しても、改善してほしい子にはまったく響かないのです。

ある年、F先生は自分の指導を変えてみることにしました。その年の学芸会で、合唱や合奏、劇を行うことになったので、個別のフィードバックを心がけることにしました。

やり方はこうです。まず、個別に「よかった点、がんばった点」を伝えます。

続いて、「どこがもっと改善できそうか」を本人に尋ねます。本人が改善点を言えたらそこをがんばるように促します。もし言えなければ、教師が助言をします。

このように、短い時間でも、一人ひとりに声かけをするようにしてみたのです。

すると、効果は劇的でした。一人ひとりのパフォーマンスが明らかによくなったのです。

ここに至ってF先生は、個別のフィードバックの重要性を認識したのでした。

「集団全体に教えても、伝わらないことがある。子どもを伸ばすために、個別に一人ひとり指導していくことも必要だ」ということを心の底から理解したのです。

## 技能向上には個別の評価・助言が必要

世の中には、数多くの習い事があります。サッカー、習字、ピアノ、ダンスなどです。剣道、柔道などの武道もあります。

最近は、「子ども同士でのびのびと楽しむ」「子どもたちが考えて取り組む」ことを謳い文句に、指導は最小限であることを売りにする教室も多くなりました。コーチがほとんど指導せず、子どもたちに活動させて終わりなのです。コーチは、全体に「今日は◯◯をがんばりましょう」と方向性は示してくれます。しかし、具体的に何をどうすれば技能が向上するのかは教えてくれません。個別指導もしてくれません。「指導を最小限にすることで、子ども主体の学びになるのだ」という誤解があるようなのです。

残念ながら、このような教室では、サッカーもテニスも、小学1年生から6年生まで6年間通い続けても、習熟は見込めません。サッカーなら、トラップ1つ、ドリブル1つ確かな技術は身につかないでしょう。

**「具体的なやり方を教えない」「個別に指導しない」、この2つがそろうと、子どもは伸**

びないのです。子どもの習熟が明らかに遅くなるのです。

このことは、授業でも同じです。体育で、運動をさせっぱなしで、指導も助言もなければ、やはり子どもは伸びません。小学校で水泳を6年間やっても、10mも泳げないで卒業していってしまう子が出る事実が物語っています。

サッカーで、試合ばかりさせている授業もあります。子どもたちで戦術を相談する場面はあるのですが、教師が戦術を教える場面はありません。それでサッカーの技能が向上するか、試合運びが上手になるかと言えば、ならないのです。

例えば、次の戦術があります。「中央にパスが通せないなら、サイドから攻める。敵がサイドを気にして開いてきたら中央から攻める。敵がサイドも中央も両方意識しているなら、サイドと中央の中間ぐらいから攻める構えを見せる」

この戦術に、試合ばかりさせ、子どもだけで話し合いを行う授業で、自然に気づくことがあるでしょうか。残念ながら、それは期待できないでしょう。特に、「ハーフスペース」（右、中央右、中央、中央左、左の5レーンのうち、中央右と中央左のレーン）を意識する戦術に自然に気づくかと言えば、気づけません。

他にも「マンツーマンディフェンスをしてくるチームには、敵を引き寄せてスペースをつくり、スペースを利用する戦術を取る」「敵がゾーンディフェンスしているなら、斜めに走って敵を混乱させる」「3人目の動きで、後ろからスペースに走り込んでパスをもらう」など、すべて教えないとできるようになりません。

なぜならそのことが重要だと思っていないので、盲点になってしまい、そもそも認識すらしていないからです。例えば、「ハーフスペース」が大切だと教えられると、そのスペースがはじめて見えてきます。重要な概念は、初学者は自然には気づけないのです。もちろん意識していない技能は、向上もしません。

しかも、教えただけではだめで、練習させるだけでもだめです。**教え、練習させたうえで、教師の個別の評価や助言がないといけない**のです。

サッカーなら、2対1でパスを10回通す練習をさせます。「オフザボールの動き」「ファーストタッチで敵をかわす動き」「ルックアップして仲間にパスを通す動き」を習得させるためです。このとき、「ボールは常に動かさなくてはいけません」と条件をつけます。ボールが少しでも止まったらアウトとあらかじめ伝えておくのです。これで、敵にボールをとられにくい動きや間合いを、自然とつくることができます。

さて、練習方法を指定したら、続いてモデリングを行います。教師が手本を示すのです。

ボールを常に動かすため、どんなファーストタッチの仕方があり、パスの仕方があるのかを例としてやってみせます。コツも説明します。ここまで指導してからやらせてみます。子どもの様子を見て、できているところをほめ、できていないところは助言します。

「ダイレクトでパスを返してもよいですね。いい動きだよ」

「あえてボールにすぐ触らず、流してから反対方向にパスしてもよいですね」

「ファーストタッチで3歩運んでいるのがとてもいいですね」

もし子ども同士でアイデアの共有や教え合いをするなら、ここまで教えてからやった方がよいのです。また、「個別最適な学び」で、個々に練習方法や課題を選択させるなら、このような基本的な動きを教えてからの方がよいのです。

この練習をすると、小学校3年生でも驚くほど技能が向上します。たった1時間で見違えるような動きになります。何も教えないサッカー教室だと何年経っても身につかない動きが1時間である程度身につくのですから、圧倒的に教育効果が違うことがわかります。

他にも、例えば高学年のマット運動の指導場面を考えてみます。

前転や後転のやり方を具体的に見せ、コツを教え、そして練習させます。練習時間中に、ある程度できるようになった人から個別評定を受けさせます。10人程度集め、個別評定を行います。前転から始めて、後転、開脚前転、開脚後転、かえる足逆立ち3秒、側方倒立回転、倒立と順にやらせていきます。そして、1人ずつフィードバックしていくのです。「前転は、もっとおへそを見て小さく回りましょう」「倒立のとき、目線は真下を見た方がいいです」「後転の手の位置が違っていますよ」といった具合です。

できているところは認め、できていないところを助言します。数秒の指導ですが、大きな効果を発揮します。「練習↓個別のフィードバック↓練習」という順番で進めます。

さて、このとき、特別支援を要する子が尻込みしていました。自信がないので、「手が痛い」などと言ってやろうとしません。そこで、次のように助言しました。

「倒立は、いきなり逆立ちしなくてもいいです。少しだけ足を上げます。まずはこれでいいです。できるようになったら、もう少し足を上げます。3秒できたら合格です」

説明をしながら私がやってみせました。すると、「できそう！　自分もやるよ」と笑顔で練習を始めました。

このように、個別指導の時間を確保することが授業では大切なのです。一人ひとりの状態は違います。だからこそ、個別に助言・指導する必要があるのです。**「全体指導だけ」「活動だけ」で教えた気にならないよう注意しなくてはなりません。**

# 41 知識の理解が進まない隠れた要因は、教師の「体験」に対する過信

## 気づいたこと、思ったことを書けないのはなぜか

教師になる前、Ｊ先生は大学で次のように教えられました。

「これからの時代、体験的な学習が大切になる。体験を通して学ばせるべきだ」

そこで教師になってからは、体験の時間を多く確保するよう努めてきました。

例えば、小学６年の社会科で歴史を教える際、縄文時代や弥生時代の住居を見学させたり、使用していた道具に触れさせたりと、体験を通して学ばせようとしたのです。

４年生に昔の暮らしを教える際も、昔の住居を見学させたり、昔の道具を実際に使用させたりしました。３年生が農家の仕事を学習する際は、ブドウ畑や桃畑、田などを見学させ、仕事の様子を直接学べるようにしたのです。

このように、体験の時間を多く確保することで、知識の理解が進むと考えていました。

ところが、「見学は楽しかった」「おもしろかった」「よく学べた」と言う子がいる一方

で、見学を通してわかったこと、気づいたこと、思ったことを書くよう指示しても、書けない子が多くいるのです。

「もしかすると、疑問や調べたいことの方が多くあるのかな」と思い、「疑問や調べたいことを書きなさい」と指示しましたが、これもまた書けない子が多くいます。

「学んだ内容を文章化できないだけなのかも」とも思い、基礎的な知識を口頭で確認しました。しかし、理解できている子が少数なのです。例えば、ブドウ畑の防風ネットや、水はけをよくする排水溝、ぶどう棚の支柱となる鉄骨やワイヤーなどに気づけていません。重要なものと認識していないので無視しているのです。また、日当たりのよい南向きに畑があること、枝や葉を少なくして風通しをよくしていること、水はけのよい斜面になっていること、収穫しやすいよう高さがそろっていることなどにも気づけていません。

「体験させただけでは、教師が教えたい知識に気づけない」「見ているようで、見えていない」ということにJ先生は気づいたのでした。**体験をさせるだけでは、知識を蓄積することもできていないし、まして深い理解には到達できていない**のです。知識が蓄積されていない状態では、「疑問や調べたいこと」も書くことはできなかったのです。

## 予備知識のない体験は効果が薄いと心得る

小学3年の社会科で菓子工場に見学に行くとします。このとき、事前に予習をするはずです。工場設備や仕事内容を教えておくのです。これはなぜなのでしょうか。

理由は簡単です。「知らないものは見えない」「重要でないものは見えない」からです。予備知識がなければ、見学や体験をしたとしても、よくわからないまま終わるからです。だからこそ、見学させたい重要な内容は、あらかじめ教えておく必要があります。予備知識があることで、はじめて子どもたちは重要な物事が見えてくるというわけです。

**教えたい内容に気づかせたいと思ったら、「どういう知識を教えておけばよいか」「どういう物事が重要だと教えておけばよいか」を事前に考えておかないといけない**のです。

例えば、小学4年で1年間にわたり、校庭のお気に入りの木の観察を行います。1年後に「葉脈や、幹の模様はどのような形ですか」「葉はどのあたりについていましたか」と尋ねると、子どもは「わからない」と答えます。そのような観察の視点をもって見たり触れたりしていないからです。

あるいは、小学校中学年で行う、消防車や消防施設の見学です。上の写真は訓練時のものですが、平時にこのような訓練棟（暴風雨、マンション火災などを想定して訓練する施設）を見た子が、監視の施設、偉い人が住む家などと思い込んでいたことがあります。知らないものは、見えていたとしても、まったく別のものと認識してしまうことがあるのです。

私たちは、だれもが自分のもっている知識を使って物事を認識しています。よって、知らない物事は認識できません。また、自分が重要でないと思っている物事も認識できません。いずれも心理的な盲点となり、素通りしてしまうからです。

よく「学習は問題づくりから始まる」とか、「授業は子どものハテナがあれば成り立つ」などと言われることがあります。ところが、知識が蓄積されてない状態で、「疑問や調べたいこと」を考えることも、また困難なのです。

**「わからないことがわかる」状態は、知識が蓄積された状態でないと訪れません。**つまり、「わからないことがわかる」状態は、その領域の知識を十分身につけてはじめて訪れるのです。知識が蓄積されていなければ、「わからないことがわからない」状態にとどまります。だからこそ単元の最初に、知識・体験の蓄積をしておいた方がよいのです。そして、その単元最初の体験前にも、予備知識を教えておくことが必要なのです。

例えば、「様々な昆虫の生活を観察しよう」とだけ指示して観察させても、擬態に気づけないことや、昆虫自体が見つからないことがあります。しかし、ナナフシなどの珍しい昆虫や、擬態の例をあらかじめ教えておくと、発見できるのです。実際、入学してからはじめて見つけたと、子どもたちが大喜びでナナフシを捕まえて私に見せてくれました。

また、「重要だと思わないことは素通りしてしまう」ということにも注意が必要です。「このことは重要なことなのだ」とあらかじめ意識させておく必要があります。

昆虫の観察なら、「虫はどのように移動していますか」「虫はどこを住み処としていますか」などと教師があらかじめ尋ねておきます。すると、子どもたちは、それが重要なのだと認識できます。重要だと認識すると、昆虫の様子がはじめて見えてくるのです。地面を歩いている、はねている、跳んでいる、動きが遅い、石の下でじっとしている、食べ物と住み処が同じ、などです。体験1つとっても、授業方法の工夫が必要になるのです。

# 42

# 「正解」に対する教師のスタンス次第で、子どもの主体性は変わる

**なぜ子どもの発言が少なくなっていくのか**

若いG先生は、授業を重ねるにつれ、子どもの発言が減ることが気になっていました。

小学校に入学したてのころは進んで発表していた子どもたちが、数年経つと発表しなくなるのです。目立つのがはずかしい発達段階になったこともあるでしょう。しかし、それだけが原因ではないとG先生は感じていました。なぜなら、6年生でも、中学生、高校生でも、進んで子どもたちが発表している学級はあるからです。

G先生は、学級経営の成否も原因の1つだと感じていました。学級集団に「心理的安全性」がなければ、意見を発言しようと思えないからです。

ただし、まだ他にも原因があるように思えていました。

数年経って、1つの原因に気づきました。

それは、教師の授業の進め方の問題でした。G先生も含め、多くの教師が、**「子どもに**

**自由に発言させた後で正解を告げる」というスタイルで授業を進めていた**のです。子どもに多様な意見を出させた後、最後に「これが正解だよ」と示していたわけです。

このスタイルだと、子どもたちは思います。

「どうせ最後に教師が正解を言うのだから、発表しても仕方ない」

「自分たちが様々な意見を発表しても、最後に否定されるかもしれない」

こうして学級には、「教師の求める正解を発言しないといけない」という雰囲気が生まれてしまっていたのです。だから、発表を躊躇する子が増えてきたというわけです。

G先生は、「授業とは、正しい知識・技能を、未熟な学習者に伝達するもの」という伝統的な授業観をもっていました。そして、その授業観を見直す必要性を感じたのでした。

例えば、知識は時代とともに更新されます。大切な「基盤となる知識」はもちろんあります。それはいつの時代でも学ぶべき内容です。しかし、新しい研究によって古い知識が否定され、教科書の内容が変わることもよくあります。

知識を教えるだけでなく、自分で最適解を考え出す学習、仲間と協働して価値ある考えをつくり出す学習も行う必要があることに気づいたのでした。

## ≫「正解のない問い」を用意し、子どもの答えを大切に扱う

授業では、教師が正解を教えるべき場面ももちろんあります。知識・技能をしっかりと教える。これも大切な授業の機能です。

ただし、授業には他にも大切な機能があります。それは、自分で最適解を考え出すことや、仲間と協働して価値ある考えをつくり出すことです。

例えば、正解のない問いを考えさせる授業があります。「水不足や水質汚染をどう解決するか」といった問いを考えさせる授業です。

「答えが1つとは限らない」「そもそも現段階で答えはない」「答えは考え方次第で複数ある」といった問題を扱い、考える力や姿勢を養います。見通しのもちにくい変化の激しい時代では、正解のない問いに対応する力と姿勢の育成が求められるからです。

つまり、教師としては、授業（学習）に関して、次の3つの場面を意識したいのです。

1　教師が教える

2　子どもが自分で学ぶ
3　仲間と協働して学ぶ
1の「教師が教える」は、基礎・基本を教師が積極的に教える場面を想定します。

2の「子どもが自分で学ぶ」は、教えられた基礎・基本を活用して、子どもが問題を解決する場面や、子どもが課題を選択し個別に探究する場面を想定します。

3の「仲間と協働して学ぶ」は、仲間と協働して何らかの課題を解決したり、知識や考えをつくり出したりする場面を想定します。

この3つのうち、2と3に関しては、教師の姿勢を1のときから変化させる必要があります。

ポイントは、**「教師も正解を知らない」というスタンス**でいることです。**「問題を子どもと教師の間に置く」**と言うこともできます。教師も、子どもと一緒に考える姿勢を見せるのです。

こうすると、子どもたちの意識が変わります。

「先生すら正解を知らないのだから、自分で何とか解決しよう」「仲間と話し合いながら、よりよい考えを生み出そう」といった意識が生まれるのです。つまり、当事者意識が生まれ、主体性が高まるわけです。

このようにして学習が行われると、答えは人によって異なることがよくあります。子どもによってもっている知識が異なる場合や、考え方が異なる場合があるからです。チームごとに別の答えが出されることもあります。

このようなとき、**他者や他のチームの考え方が知りたくて仕方ない状態**になります。だからこそ、進んで意見を交流しようと思えるのです。すると、自然と発表は増えていきます。

このように、普段から問題を教師と子どもの間に置いたり、それぞれの答えを大切に扱ったりしていると、子ども同士の対話や子どもの発表が増えていきます。

もし子ども同士の対話が少なく、教師の顔色をうかがいながら発言している子が多いなら、教師の姿勢を振り返るべきです。**支援者やファシリテーターとしての役割を担うべき場面で、権威者として振る舞っている間違いがよくある**からです。

それぞれの答えを大切に扱うには、**「正解のない問い」**が必要です。では、「正解のない問い」には、どのようなものがあるのでしょうか。

社会「総合ショッピングセンター、コンビニ、スーパーマーケットは、客の取り合いにならないのでしょうか。共存できる方法を考えましょう」
理科「砂漠に街をつくった国があります。砂漠で暮らせる工夫を考えてみましょう」
環境問題や社会の様々な問題の多くは、答えが明確に存在しているわけではありませんし、答えが1つとは限りません。だからこそ、子どもたちは議論しようと思えます。教室には、考えを積極的に発表する雰囲気が生まれます。

科学研究における私の恩師は、よく言っていました。「科学の世界では、新しい発見があると知識は更新される。常識は変化する。だから、自分の頭で考えなさい」と。だから私も、科学研究の世界で自分の考えを積極的に発言しようと思えました。その結果、地球科学の世界で新しい発見ができ、研究成果を発表できたのです。

私が子どもだけの討論をよく行っていたのも同じ理由からです。討論では、1つの正解を決めることはしません。教師が結論を示すこともありません。**話し合って考えを深められたらそれでよい**のです。討論の授業は、協働して新しい知識や考えをつくり出す学習です。どの子も躊躇なく自分の考えを言えないと成立しません。日頃から「自分なりに考える姿勢」を大切に育てていくことが必要になるのです。

## 【引用・参考文献一覧】

大前暁政（2023）『心理的安全性と学級経営』東洋館出版社
大前暁政（2020）『本当は大切だけど、誰も教えてくれない　学級経営　42のこと』明治図書
大前暁政（2020）『本当は大切だけど、誰も教えてくれない　教師の仕事　40のこと』明治図書
大前暁政（2021）『本当は大切だけど、誰も教えてくれない　授業デザイン　41のこと』明治図書
大前暁政（2022）『できる教師の「対応力」―逆算思考で子どもが変わる―』東洋館
大前暁政（2015）『子どもを自立へ導く学級経営ピラミッド』明治図書
文部省（編）（1972）『学制百年史』帝国地方行政学会
中央教育審議会（2021）『「令和の日本型学校教育」の構築を目指して～全ての子供たちの可能性を引き出す、個別最適な学びと、協働的な学びの実現～（答申）』
日本教育工学会（編）（2000）『教育工学事典』実教出版
中央教育審議会初等中等教育分科会教育課程部会（2019）『児童生徒の学習評価の在り方について（報告）』
文部科学省初等中等教育局（2019）『小学校、中学校、高等学校及び特別支援学校等における児童生徒の学習評価及び指導要録の改善等について（通知）』

スティーヴン・トゥールミン（著）、戸田山和久（翻訳）、福澤一吉（翻訳）（2011）『議論の技法　トゥールミンモデルの原点』東京図書

Edmondson, A. C.（1999）『Psychological Safety and Learning Behavior in Work Teams』Administrative Science Quarterly 44（2）.pp.350-383

エイミー・C・エドモンドソン（著）、野津智子（翻訳）（2014）『チームが機能するとはどういうことか：「学習力」と「実行力」を高める実践アプローチ』英治出版

西林克彦（2021）『知ってるつもり「問題発見力」を高める「知識システム」の作り方』光文社

文部科学省（2017）『小学校学習指導要領（平成29年告示）解説　総合的な学習の時間編』

文部科学省（2017）『小学校学習指導要領（平成29年告示）』

文部科学省（2017）『中学校学習指導要領（平成29年告示）』

矢野円郁（2010）『記憶のリハビリテーションにおけるエラーレス・ラーニング法に関する理論的考察』中京大学心理学研究科・心理学部紀要9（2）、pp.57-70

福岡伸一（2009）『動的平衡　生命はなぜそこに宿るのか』木楽舎

ジョン・T・ブルーアー（著）、松田文子（監訳）、森敏昭（監訳）（1997）『授業が変わる―認知心理学と教育実践が手を結ぶとき』北大路書房

乾敏郎（編）、吉川左紀子（編）、川口潤（編）（2010）『よくわかる認知科学』ミネルヴァ書房
アラン・プリチャード（著）、ジョン・ウーラード（著）、田中俊也（翻訳）（2017）『アクティブラーニングのための心理学：教室実践を支える構成主義と社会的学習理論』北大路書房
箱田裕司（著）、都築誉史（著）、川畑秀明、萩原滋（著）（2010）『認知心理学』有斐閣
中央教育審議会（2011）『今後の学校におけるキャリア教育・職業教育の在り方について（答申）』

# おわりに

学制以来、様々な授業方法が生まれてきました。

前時代の反省から、時に、極端な授業方法が主張されることもありました。

その結果、「教師が教えることが大切だ」「教えないことが大切だ」といった正反対の主張による教育論議がなされることがありました。

また、以前に推奨されていた授業方法が、時代が変わると批判されることもありました。しかも、さらに時代が変わると、再び推奨されるといった逆転現象も起きました。

長く教育現場にいる教師は、極端な主張をある程度冷静に捉えることができます。推奨される授業方法がコロコロ変わることにも動揺しません。

なぜなら、時代や社会状況、子どもの実態などによって、授業方法は、様々なものが推奨されることを知っているからです。

しかし、経験の少ない若い教師は冷静ではいられません。「これからは、教師が教えないことが大切だ」などと声高に言われると、そのまま実行しようとしてしまうこともあるでしょう。

教育論を語るとき、次の2つを区別して考える必要があります。

1　教育が目指すべきゴール　　　2　ゴールを達成する手段

1と2は別物です。1は「目的」であり、2は「目的を達成する手段」です。

授業のゴールが、「コラボレーションできる力と姿勢を養う」なら、「あえて教えずに発展的な課題をチームで解決させる」という手段が望ましいかもしれません。

しかし、授業のゴールが、「基礎・基本となる知識・技能を習得させる」なら、「教師主導で教える」という手段が望ましいかもしれません。

このように、目指すべきゴールによって、適切な手段は変わります。

本論でも述べましたが、どういう授業方法（手段）が最善なのかはあらかじめ決まっていません し、自明なものでもありません。授業のゴール（目的）に左右されるからです。

まず、授業のゴール、すなわちどういった資質・能力を育成するのかが決まり、その後に、手段として、望ましい授業方法が決まるのです。

だから、「この授業方法こそがこれからの時代は必要だ」と主張されるとき、教師は冷静な目で、「どういう資質・能力を育てるときにこの授業方法が必要だと主張しているのだろう」と考えないといけません。

そして、「授業方法に100点満点はない」ことも同時にわかっていないといけません。「最高の授業方法」と皆が口をそろえていても、それは現時点でよりベターな方法であり、普遍的にベストな方法ではないのです。そのため、さらによりよい授業方法にするため、工夫・改善する姿勢をもっておくことが大切になります。

かつて、理科教育の世界では、教師主導で知識・技能を教えることにおいて、最善と思える授業方法がいくつも開発されてきました。

しかし、この最善だと思える授業方法にも弱点がありました。教師主導で教えるからこそ、「子どもが問題を発見する」「子どもが解決方法を考えて考察する」といった場面が弱かったのです。その結果、自力で問題解決する姿勢と力を養えない弱点が現れました。

このように、**何かに特化した授業方法には、特化されている面とは反対の面で弱点があらわれることがよくあります**。だからこそ教師は、ベテラン、若手関係なく、「最高の授業方法」と言われるものを、さらに工夫・改善する意識をもっておかないといけないのです。

つまり、重要なのは**「教師の主体性」**です。ゴールを描き、ゴールを達成できそうな手段を自ら選択しなくてはなりません。選択だけでなく、時には、自分なりに工夫・改善し、新しい授業を創っていくのです。新しい教育論に盲従してはいけません。

本書が、読者諸兄の授業力向上の一助になれば、これに勝る喜びはありません。

本書の執筆に際しては、明治図書出版の矢口郁雄氏には、企画から編集まで多大な支援をいただきました。記して感謝申し上げます。

２０２４年１月

大前暁政

**【著者紹介】**

大前　暁政（おおまえ　あきまさ）

京都文教大学こども教育学部こども教育学科　教授

岡山大学大学院教育学研究科（理科教育）修了後，公立小学校教諭を経て，2013年４月より京都文教大学に着任。教員養成課程において，教育方法や理科教育に関する教職科目を担当。「どの子も可能性をもっており，可能性を引き出し伸ばすことが教師の仕事」ととらえ，学校現場と連携し新しい教育を生み出す研究を進めている。文部科学省委託体力アッププロジェクト委員，教育委員会要請の理科教育課程編成委員などを歴任。理科の授業研究が認められ「ソニー子ども科学教育プログラム」や「日本初等理科教育研究会優秀論文賞」に入賞。研究分野は，教育方法，理科教育，学級経営，生徒指導，特別支援教育，科学教材，教授法開発，教師教育など多岐に渡る。

主な著書に『まちがいだらけの学級経営　失敗を成功に導く40のアプローチ』『本当は大切だけど，誰も教えてくれない　授業デザイン　41のこと』『子どもを自立へ導く学級経営ピラミッド』（以上明治図書），『心理的安全性と学級経営』『できる教師の「対応力」―逆算思考で子どもが変わる―』『教師１年目の学級経営』（以上東洋館出版社），『なぜクラス中がどんどん理科を得意になるのか』（教育出版），『学級担任が進める通常学級の特別支援教育』（黎明書房），『実践アクティブ・ラーニングまるわかり講座』（小学館），『学級経営に活かす　教師のリーダーシップ入門』（金子書房）など多数。

本当は大切だけど、誰も教えてくれない
授業力向上　42のこと

2024年２月初版第１刷刊　Ⓒ著　者　大　前　暁　政
発行者　藤　原　光　政
発行所　明治図書出版株式会社
http://www.meijitosho.co.jp
（企画）矢口郁雄（校正）大内奈々子
〒114-0023　東京都北区滝野川7-46-1
振替00160-5-151318　電話03(5907)6701
ご注文窓口　電話03(5907)6668

＊検印省略　組版所　株　式　会　社　カ　シ　ヨ



Printed in Japan　ISBN978-4-18-312323-7

もれなくクーポンがもらえる！読者アンケートはこちらから →